铸剑

——在我国第一个核武器研制基地的岁月

王菁珩 著

中国原子能出版社

图书在版编目（CIP）数据

铸剑：在我国第一个核武器研制基地的岁月 / 王菁珩著．
—北京：中国原子能出版社，2017.5
ISBN 978-7-5022-8092-5

Ⅰ．①铸…　Ⅱ．①王…　Ⅲ．①核武器－发展史－中国
Ⅳ．① E928

中国版本图书馆 CIP 数据核字（2017）第 114404 号

铸剑——在我国第一个核武器研制基地的岁月

出版发行　中国原子能出版社（北京市海淀区阜成路 43 号　100048）
责任编辑　王　青
装帧设计　崔　彤
责任校对　冯莲凤
责任印制　潘玉玲
印　　刷　北京盛通印刷股份有限公司
经　　销　全国新华书店
开　　本　787 mm × 1092 mm　1/16
字　　数　153 千字
印　　张　12.25
版　　次　2017 年 5 月第 1 版　2017 年 5 月第 1 次印刷
书　　号　ISBN 978-7-5022-8092-5　　定　　价　42.00 元

网址：http://www.aep.com.cn　　E-mail:atomep123@126.com
发行电话：010-68452845

铸剑

姜悦楷书

姜悦楷，1941 年 12 月生，山东乳山人，中共党员，高级工程师；中国工程物理研究院原党委书记（副部长级）

1964 年 10 月 16 日，我国第一颗原子弹爆炸成功

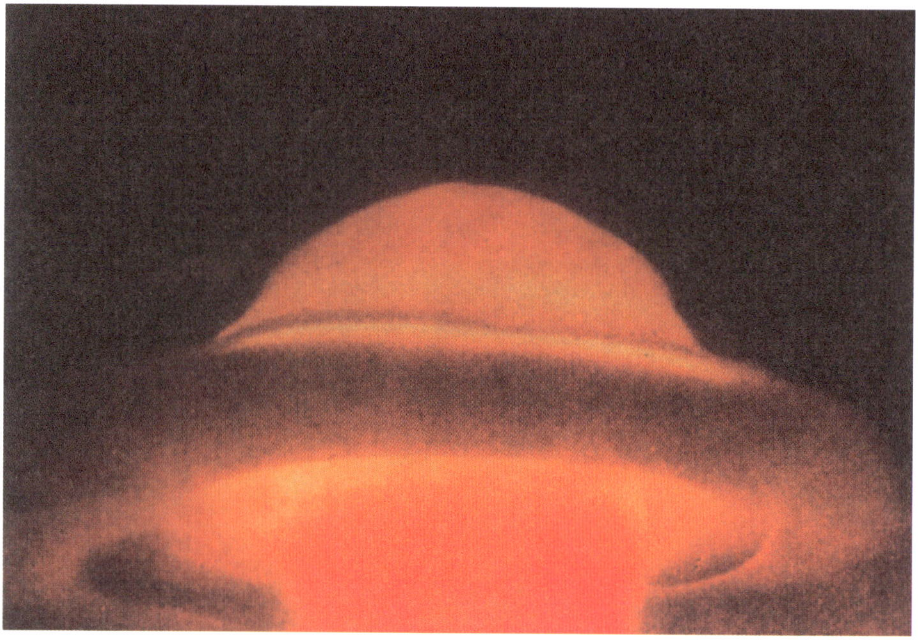

1967 年 6 月 17 日，我国第一颗氢弹爆炸成功

聂荣臻（中）、王淦昌（左）、朱光亚（右）在核试验基地

张蕴钰、张爱萍、朱光亚、刘西尧、李觉、吴际霖在现场和参加试验人员庆贺首次核试验成功

郭永怀（左一）、邓稼先（右二）等人在核试验现场工作

1966 年 3 月 30 日，邓小平视察二二一厂

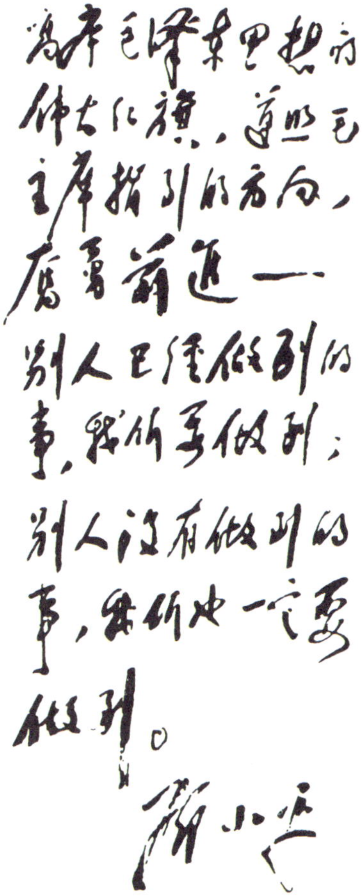

1966 年 3 月 30 日，邓小平视察二二一厂时的题词

1983 年 7 月 22 日，胡耀邦视察二二一厂时题词

1986 年 8 月 19 日，胡耀邦参观二二一厂民品展

中国第一个核武器研制基地纪念碑

1984 年 10 月 1 日，我国战略导弹部队通过天安门

核弹头分解后装车外运

我国首次空投试验的核炸弹

221 基地创业时，领导和职工住的帐篷

二二一厂办公楼

二二一厂设计部，第一生产部大楼

二二一厂六厂区爆轰试验场之一

二二一厂第二生产部半掩体生产车间

029 迎春联谊会祝贺李觉八十华诞（王淦昌左二、刘书林右一、彭桓武右二）

1987 年 8 月，蒋心雄部长来厂宣讲国办发（1987）40 号文件（蒋心雄左七、李定凡左六、刘书林左八）

1987 年 10 月 16 日，班禅副委员长视察二二一厂牧场

1991 年 5 月 15 日，在张爱萍将军家

与张爱萍将军合影

目录

一　历史功勋

1. 银滩凤凰

著名导演凌子风执导的《金银滩》电影中的一首插曲唱道："高山跑马啊云里穿，要找凤凰到银滩。"这部电影的故事正是发生在青海湖畔的金银滩上，影片外景也是在金银滩拍摄的。肩负我国核武器研究任务的221基地，像一只五彩斑斓的凤凰，于20世纪50年代末，在美丽的金银滩上诞生，成为我国核武器发展的摇篮。

从青海省会西宁市往北102公里，便是海北藏族自治州海晏县的金银滩草原。那里海拔3000多米，是真正的高原。进入高原后，那些从未见过的景色便会映入你的眼帘。这里到处充满生机与活力的神秘魅力。草的芬芳，风的清爽，山的奇崛，水的潺潺，湛蓝的天空，飘浮着朵朵白云，这里到处充满生机与活力的神奇魅力。这方圆1167平方公里（后缩减为573平方公里）的禁区，是我国第一个核武器研制基地，分布着18个厂区（14个生产厂区，4个生活福利区），建筑面积56.4万平方米，其中厂房建筑33万平方米；铁路专线38.9公里，与青藏铁路在海晏县火车站接轨；沥青标准公路75公里，与青藏、青新、湟嘉公路连接。基地总投资四亿五千一百五十六万元。金银滩的银滩草原，地处湟水源头海晏盆地，北靠祁连山，南临青海湖，东接西宁市，西邻柴达木，距青海湖30公里，四周环山，便于隐蔽。错落起伏的山包，是炮轰试验的好场所。厂区横跨三个河谷盆地，湟水源头的麻匹寺河和哈勒景河发源于这里。涓涓细流，丰盈了湟水，滋润着肥美的草原。境内最高峰同宝山海拔 4025 米，在用地区海拔 3050 米至 3690 米（六厂区 610 炮轰试验场），总厂办公区海拔 3200 米。这里自然条件恶劣，紫外线强，高寒缺氧，氧气含量比平原少了近 1/3。年平均气温零下 0.4 摄氏度，空气干燥，气压低，水烧到 80 摄氏度就沸腾。一年有八九个月要穿棉衣，无霜期短，春、秋两季时有大风沙和沙尘暴。夏天这里气候环境清爽宜人，群山环抱，碧绿的草原和一片片绿油油的灌木丛……20 世纪 40 年代初，西部歌王王洛宾来到金银滩采风，一位牧羊女卓玛多情的眸子，给他以创作的灵感。一曲《在那遥远的地方》从青海湖传遍中国，风靡世界。

2. 事业创建

第二次世界大战后，核武器成为大国发展战略的重点，成为国际政治、外交、军事斗争的工具以及决定战争与和平的重大因素。某几个西方大国一再叫嚣，要对中国使用原子弹，核讹诈、核战争的阴云密布在新中国的上空。1953 年，在中国广西富钟县花山区林木冲采集到一块铀矿石，这块铀矿石成为核工业的“开业之石”。当这块铀矿石摆在毛主席的桌上时，毛主席笑着对刘杰说：“这是决定命运的。”

1955 年 1 月 15 日，毛主席在中央书记处扩大会议上说：“现在到时候了，该抓了，只要排上日程，认真抓一下，一定可以搞起来。”又说“只要有人，又有资源，什么奇迹都可以创造出来！”正如著名科学家约里奥·居里委托中国科学家杨承宗转告毛泽东的：“你们要反对原子弹，你们自己就必须要有原子弹。”毛泽东同志高瞻远瞩，审时度势，于 1955 年 1 月 15 日主持召开的中央书记处扩大会议上，在听取李四光、钱三强、刘杰等关于铀矿的汇报后，作出了创建原子能工业和研制原子弹的战略决策。从此，中国开始了研制核武器艰巨而伟大的历史征程。

同年11月，一届全国人大通过决定成立第三机械工业部（1958年2月更名为第二机械工业部，1982年5月更名为核工业部，1988年9月更名中国核工业总公司，1999年6月改制为中国核工业集团公司），主管原子能事业的建设和发展，宋任穷任部长，刘杰、钱三强为副部长。中国科学院物理所更名为原子能研究所，钱三强兼任所长。根据1957年10月15日中国与苏联签订的《国防新技术协定》中规定：为培养设计和科学研究方面的干部和生产原子核武器的专家，苏联政府保证供给中国生产原子弹的全部技术资料，带有训练使用和战斗用的成品样品……并帮助中国设计和建设研究原子弹结构的设计院（代号221）、生产和装配原子弹的工厂（代号342）。

同年10月下旬，三机部与苏联设计总局签署了《二二一厂工程项目设计任务书》和《二二一工程项目设计工作明细表》，二二一厂由第三机械工业部设计院与苏联列宁格勒设计院进行初步设计。三机部领导和技术人员与苏联专家组成小组负责厂址选择。考虑到厂址具有高度的机密性、安全性和隐蔽性，必须有利于战备，由于投产后具有放射性及进行炮轰试验，除水、电、交通条件好外，占地面积还要大，还要留有发展空间（221还预留了建设机场的场地），且尽量少移民。从1957年10月开始，历经初选、勘察、定点三个阶段，部领导审查后上报中央。1958年5月31日，中共中央总书记邓小平代表中央，批准了二机部的五厂（衡阳铀水冶厂、包头核燃料元件厂、兰州铀浓缩厂、酒泉原子能联合企业和221核武器研制基地）、三矿（郴县铀矿、衡山大浦铀矿和上饶铀矿）的选址报告，为我国核工业建设确定了布局。221基地对外名称为“青海机械厂筹备处”，掩护名称为“青海省第五建筑工程公司”。从此，金银滩这块未开垦的处女地，蒙上了神秘的面纱，揭开了 221 基地艰苦创业的序幕。

1958 年 1 月 8 日，中央决定成立三机部核武器局（九局），1958 年 2 月改为二机部九局，负责核武器研制、生产和基本建设。西藏军区副司令员、参谋长李觉将军任局长，吴际霖、郭英会任副局长。李觉是新中国的第一批少将，曾在北京的大学念过书，早年参加红军，生产过炮弹和雷管，会一些英语，这在当时的将军中并不多见。李觉作风民主，求贤若渴，他爱护、尊重科技人员，十分注意充分发挥专家的作用。以身作则模范带头，常与科学家促膝谈心，结成亲密的朋友。李觉（在金银滩工作了 8 年）抓大政方针和对外协调。他作风民主，心胸豁达，工作中大胆放手，助手很得力，像吴际霖、朱光亚、郭英会都很得力。重要的会议李觉亲自主持拍板，当时大家都没有搞过核武器，又没有苏联的框框，开起会来争论相当厉害，大家意见发表完了。先要朱光亚说，侧重从技术上如何实施，而后让吴际霖讲侧重从组织上如何落实，最后李觉说:“按朱、吴二人的意见办，有什么问题报上来，我们协调解决。”他虚心好学，有着很强的组织能力和活动能力，甘为科学家们铺路、搭桥，带领大家在探索核武器的征程中勇往直前。吴际霖毕业于华西大学化学专业，曾在山西国民党部队当过军官，为前线将士讲授防化知识。后经中共地下党介绍从西安到了延安，在陕北公学自然科学研究室任教员，并从事军工生产，成为共产党的第一批军工专家，后调国务院三办原子能小组，三次到苏联参加谈判，九局成立前，任三机部计划局副局长。郭英会来自山西阎锡山办的民族革命大学，曾在部队担任团政委，后来给周恩来当军事秘书。同年 7 月，苏联核武器研究院三位专家来华，帮助规划核武器研究机构。在宋任穷部长办公室，曾为六位领导干部（四位正、副部长和两位九局副局长）讲了一次课，介绍了原子弹原理、结构和设计。后由朱光亚将讲课内容回忆整理成一套完整资料。这次讲课在原子弹研制初期起到了引路的作用。

3. 创业足迹

创业的道路充满艰辛。1958 年 8 月，李觉将军带领一支 20 多人的队伍（多数是负责勘察设计的工程技术人员）、三顶帐篷、四辆解放牌卡车和四辆苏制嘎斯 69 越野吉普车，开始了艰难的创业。从进入草原的第一天起，基地领导就十分注意表率作用，做出一个好榜样，培养一个好作风，带出一支好队伍。安营扎寨的第一件事就是在银滩草原选取一片背风向阳的草地，割去一人高的牧草，支起了三顶帐篷。这三顶帐篷就成为未来原子城雏形的基石。在青海省委的帮助下，世居银滩草原的 1279 户牧民迁往他乡。10 月和 11 月，国防部和总参先后从部队抽调 121 名驾驶员，80 台嘎斯汽车，在兰州工程局第三建筑工程公司宿舍，成立了汽车队。在建工部的支持下，从兰州建工局内以建三师九团全体官兵集体转业为骨干的建工部直属第三建筑公司选调骨干 1200 多名职工，2000 名解放军指战员，还有青海省支援的 6400 多名从河南省清丰、内黄两县调来的支边青年，组建了二机部 104 建筑工程公司（后来的核工业二四建筑工程公司）和 103 安装工程公司四处（后来的核工业二三建筑工程公司）、建设部的二公司。近万名建设者，怀着强烈的民族责任感，在天寒地冻、人烟稀少的青海高原，住窑洞、抗饥饿、战严寒，在恶劣的自然环境中，打响了建设我国第一个核武器研制基地的战斗。

1958 年 10 月 28 日，选定北京北郊的花园路，作为准备接收、研究原子弹技术资料和模型，调集、培训技术人员的机构。为了保密，在名称上不与二机部直接联系，命名为北京第九研究所（中国工程物理研究院的前身）。李觉、吴际霖和郭英会分别兼任正、副所长。

1959年元月，221基地（中国工程物理研究院的老家、后来的二二一厂）成立了第二机械实验厂筹备处（即后来的国营综合机械厂）。青海省委常委、九局局长李觉兼任筹备处临时党委书记，徐步宽为副书记。

核工业创业初期，建设进行得比较顺利，苏联的援助起了很好的促进作用。1959年6月20日苏共中央突然背信弃义，终止《国防新技术协议》，婉言拒绝提供原子弹模型和图纸资料，并在1960年8月撤走在核工业系统工作的全部（223名）苏联专家，带走了重要图纸资料。赫鲁晓夫还轻蔑地说，离开他们的援助，中国20年造不出原子弹。

面对赫鲁晓夫的背信弃义和蔑视，周恩来总理代表党中央指出："我们不理他那一套。他不给，我们就自己动手，从头摸起，准备用八年时间搞出原子弹。"二机部根据中央要求确立了"自力更生，过技术关，质量第一，安全第一"的工作方针。当时研制原子弹属国家最高机密，需要有个代号以便保密。刘杰部长提出：我局"第一种试验产品"就以"596"作为我国第一颗原子弹工程的代号，以激励大家奋发图强，自力更生，造出中国的"争气弹"。为此，部决定把原子弹科研突破的重点放在北京第九研究所（以下简称北京九所）。

20世纪60年代初，北京九所组建了理论、实验、设计、生产四个部，经过一段时间摸索，撤销四部建制，组建了"理论物理"、"爆轰物理"、"中子物理与放射化学"、"金属物理"、"自动控制"、"弹体弹道"六个研究室和一个加工车间，并建立了为221建设服务的"建筑设计室"和"非标准设备设计室"，开始了原子弹基本规律的探索和核材料研究。建所初期，为使刚刚从四面八方调来组建的科研队伍从学识上、思想上、作风上适应国家重大任务的要求，所、室领导一开始就着重培养严肃认真、一丝不苟、刻苦钻研、精益求精的作风和科学求实的精神。

苏联专家撤走后，原子弹的研制工作，完全是靠我们自己的科技人员在艰苦探索中完成的。中子物理和放射化学研究工作是以原子能研究所为基地，在钱三强的领导下和物理学家何泽慧的指导下进行的。九局成立了科学技术委员会，下设产品设计（主任委员吴际霖，副主任委员龙文光）、冷试验（主任委员王淦昌，副主任委员陈能宽）、场外试验（主任委员郭永怀，副主任委员程开甲）、中子点火部件（主任委员彭桓武，副主任委员朱光亚）等几个委员会。1961 年初，决定暂停 342 厂建设。当年 7 月中央下发了《关于加强原子能工业建设若干问题的决定》，强调集中力量，全国为核武器事业大开绿灯。1962 年 9 月，二机部向中央提出争取在 1964 年，最迟在 1965 年上半年爆炸我国第一颗原子弹的《1963 年原子武器工业建设、生产计划大纲》，简称“两年规划”。面对原子弹研制这个庞大的系统工程，面对众多学科领域纵横交错的高、精、尖技术难关，靠一个部门很难完成，需要全国各部门配合。在刘少奇主持召开的中央政治局常委会上，讨论并同意了“两年规划”，同时要求在中央成立一个委员会，以加强领导，加强组织协调。国防工办主任、中央军委秘书长兼总参谋长罗瑞卿写了一个报告，提出力争 1964 年爆炸第一颗原子弹，并提议成立以周恩来总理为首的十五人专门委员会（1965 年 3 月以后，专委不仅管原子弹，也管导弹），加强对原子能工业的领导。毛泽东主席在报告上批示：“很好，照办。要大力协同做好这件工作。”

1962 年 11 月，中央成立了以周恩来总理为主任委员，七位副总理和七位部长组成的十五人专门委员会，他们都是政府、军队、科研、文教卫生、工交、贸易等各方面的负责人，有利于动员全国各方面力量，参与核工业建设和核武器研制攻关。中央专委成立后，核工业的建设和整个核武器的研制方针，以及重大问题的协调都由中央专委领导，从此核工业建设和核武器研制进入了快车道。

中央专委成立后召开了九次专委会，讨论解决了100多项重大问题。围绕核工业建设和核武器攻关，组织了26个部（委）、20多个省市、自治区的900多家工厂、科研院所和大专院校协作攻关。到1962年秋，核工业所需的专用设备、器材的研制协作网络初步形成。核武器研制中急需的新材料和专用设备，如重水、耐氟橡胶、高能炸药、高性能电子元器件等，陆续进入221基地。

原子弹的理论方案研究在北京九所紧张进行。在理论方案研究中，需要从理论与大型爆轰试验的结合上，来完成和完善理论设计，摸索产品设计的基本规律和各种参数设计方法，解决理论计算无法解决的问题。然而，大型爆轰试验只能在221基地进行，但到1962年年底，221的投资仅完成百分之几，余下的工程量相当大，要在一两年内全部建成几十个工号，尤其是关键的精密加工车间，任务十分艰巨。遵照周总理指示，实现“两年规划”的主要任务在二机部，二机部的任务又落在李觉和九院同志们身上。部决定“两年规划”的代号为“221”工程。李觉奉命组织实施“两年规划”的草原会战。中央专委从建工部、铁道部、水电部、通讯兵、工程兵等13个部门抽调了15000人的施工队伍，浩浩荡荡向221进发，与二机部建筑、安装队伍汇合，组建了“221基本建设联合指挥部”，李觉任总指挥。1963年4月，“221”工程全面展开，随着突击抢建工作的推进，百里草原出现了蔚为壮观的建设场面：一条条马路向草原纵深延伸，一栋栋红色楼房拔地而起，一座座红灰色厂房星罗棋布，一台台设备发出轰鸣交响。如同梦幻仙境一般，银滩上出现了十分壮观的草原原子城。

1964年初，九局机关和北京九所（除理论部外）陆续向221基地转移。1964年2月二机部撤销九局，局、所、厂合并成立了第九研究设计院，李觉任院长，下设221研究设计分院，分院党委书记由九院党委第二书记刁筠寿兼任，分院院长李信（1965 年 9 月 18 日改为二二一厂，九院党委副书记、第一副院长吴际霖兼二二一厂书记）。分院下设第一、二、三生产部，设计部及实验部，理论部留在北京。1964 年 6 月，中国原子城雏形基本形成，建成了院、厂、政合一的核武器研究、设计、制造、试验基地，形成了精干、高效、运转好的院（厂）、部、室（车间）的三个技术层次的骨干力量，为原子弹、氢弹突破提供了技术上的保证。

第一个层次，以王、彭、郭、朱和技术委员会为代表。核武器理论上有彭桓武，爆轰上有王淦昌，工程力学上有郭永怀。技术上由这三个人分兵把口，有一个“瓶口子”——朱光亚（他常把这三个人的意归纳起来向上报告）。

第二个层次是各大部，班子都配得很强。到 221 基地后，九所一室扩编成理论部领导有：邓稼先、周光召、于敏。二、三室合并组成实验部领导有：陈能宽、张兴钤、方正知、苏耀光、王义和。党委书记：吴益三。五、六室合并组成设计部领导有：龙文光、俞大光、黄国光、疏松桂。党委书记是牛广增。

四室改为第一生产部 102 车间。第一生产部领导有：宋光洲、何文钊（兼 102 车间主任）、蔡慈波。副总工程师：谢平海、周蕴章。党委书记：李学良。第二生产部领导有：钱晋、吴永文、孙维昌、蔡抱真。党委书记，张鸿江。第三生产部领导有：胡深阀等，党委书记：霍盛斋等。

第三个层次下设的各研究室和车间，配得很精干得力。像胡仁宇、唐孝威、胡思得、任益民、李德元都是研究室的主任。设计部装配车间的陈家圣担任主任。

第一生产部有：严文灿、郑宝湖、隋蔚祺、宋家树、王铸、苏桂余、刘成发、张治宇等。

第二生产部有：李必英、吴文明、吕崇修。刘振东、赵瑞禾等。通过原子弹、氢弹突破等一系列实践，形成了充分发扬学术民主，选准技术路线，重视战略发展研究，集智攻关、倒排计划等一条多、快、好、省的科研路子。

在高原艰苦环境下，广大职工热爱事业，艰苦奋斗，团结拼搏，求实创新，永攀高峰。每当关键的时刻，在艰险的地方，李觉、吴际霖、王淦昌、朱光亚等领导，总是身先士卒、现场指挥，保证了许多重要实验获得成功。

历史证明，毛泽东主席在1958年关于“搞一点原子弹、氢弹，我看有十年功夫完全可能”的预言是完全正确的。我国从1954年发现第一块铀矿石标本，到1964年第一颗原子弹爆炸成功，恰恰用了十年功夫。从1958年毛泽东预言到1967年空投氢弹试验成功，也只用了九年。核工业人以惊人的毅力、非凡的勇气、锲而不舍的精神，突破了一道道难关，超越了一座座高峰，创造了令世界震惊的科技奇迹，为中华民族的振兴和腾飞，谱写了一曲壮丽的英雄诗篇。

在这个伟大的历史过程中，二二一厂经历了：

战胜自然灾害，头顶蓝天，脚踏草原，艰苦奋斗，历经基本建设的最艰难时期；

顶住苏联毁约，独立自主，自力更生，大力协同，过技术关，突破原子弹的草原会战；

医治“二赵”[①]创伤，恢复科研生产，实现武器化，批量生产，装备部队和保军转民的第二次创业；

服从战略调整，撤点销号，向常规武器转移，投身社会主义建设的过程。

在历经沧桑的岁月，二二一厂这支队伍，没有低头，没有气

---

①“二赵”指赵启民，原海军副司令员，国防科委副主任；赵登程，原空八军副军长，公安部核心领导小组副组长，中央三办主任。

馁，挺起了民族的脊梁，披荆斩棘，排除舛厄，一步步走向成功，干部职工队伍的精神也得到升华。俗语说：一方水土养一方人。伟大的事业，产生伟大的精神。221这个大熔炉，炼就出价值连城的“两弹一星”精神——“热爱祖国，无私奉献，自力更生，艰苦奋斗，大力协同，勇于攀登”。正如朱光亚同志指出的：“两弹一星”精神是几十年科研试验工作的结晶，有着丰富的内涵；热爱祖国，无私奉献，是我们力量的源泉，是一种高尚的情操和品德；自力更生，艰苦奋斗，是我们事业的根本基点，是一种自强不息的精神和意志；大力协同，勇于攀登，是我们事业的时代特征，是一种优良的科研作风和传统。在核科技工业荣获“两弹一星”功勋奖章的11位科学家中，有8位曾在221基地工作过，他们是：王淦昌、彭桓武、郭永怀、朱光亚、邓稼先、陈能宽、周光召、于敏等科学家。他们的功绩将永远镌刻在中华民族的历史丰碑上！

原子弹、氢弹突破及武器化，十六次国家核试验和两次常规武器试验，为新基地的建立准备了人才、管理和科研的基础，工艺研究，贮存研究，核武器退役处理，常规武器战斗部的开发……这是221人为保卫国家安全，维护世界和平，提高我国国际地位，奠定中国成为对世界有重要影响的国际地位作出的历史性贡献。正如邓小平同志1988年所说：“如果六十年代以来中国没有原子弹、氢弹，没有发射卫星，中国就不能叫有重要影响的大国，就没有现在这样的国际地位。这些东西反映一个民族的能力，也是一个民族、一个国家兴旺发达的标志。”

4. 撤点销号

1987年6月24日，国务院办公厅、中央军委办公厅联合下文，批准二二一厂撤点销号。至此，为核武器研制与发展作过重大贡献的二二一厂，完成了它的历史使命。此后，二二一厂实现了职工妥善安置，核设施退役处理，基地移交和平利用，这是221人交给祖国和人民的又一份完美答卷。

1995年5月15日，新华社向全世界宣布："我国第一个核武器研制基地已全面退役。这个基地位于青海省，曾为我国研制第一颗原子弹和氢弹作出历史性贡献。这个基地环境的整治，符合国家有关环保法规的要求，并已通过国家验收。目前基地原址已移交地方政府安排利用。"这就意味着中国停止了第一代核武器生产，第二代核武器研制和生产已经走上了轨道。221这块神奇而丰腴的土地，不管有过怎样的磨难，都不能动摇她根植很深的独特历史精神。凡在这里工作、生活、学习过的人们，受过她熏陶、滋润和哺育的人们，都不会忘记她潜移默化的独特魅力。只要一提起我国核事业发展的闪光点，第一颗原子弹、氢弹的成功爆炸，我们就会想起在金银滩的青春岁月，心中油然升起对老一辈革命家、科学家的敬仰，涌动着对核事业的无比热爱和自豪。有位电视台记者，曾采访撤厂留守西宁的同志："你们从北京、上海来到这里，工作几十年，后悔不后悔？"这位同志激动而又自豪地说："没有什么后悔的，事业的成功，就是我们最大的欣慰。"与国家和人民利益紧密联系的事业情、责任感，使我们这些来自五湖四海的人组成一个无比坚强、团结的集体——不怨、不悔、不变对事业的忠诚；不停、不息、不倦履行自己的责任。221人可以骄傲地说：人生无悔，怨也无悔，苦也无悔，累也无悔。人的一生就是在无悔中，为事业拼搏而前进的。在拼搏进取中孕育"两弹一星"精神之一的221人，需要不断地创新和发展精神的内涵，在新形势下更好地继承和发扬"两弹一星"精神。

221基地是发展我国核武器首先立功的地方。这里有国家领导人留下的足迹；有革命家、科学家工作、生活的场所；有我国第一个核武器研制基地纪念碑和博物馆；有爆轰试验的656试验场；有核设施退役处理的“填埋坑”。这里的每一寸土地，都记载着不寻常的历史；每一座楼宇，都有说不完的故事。221 基地现为青海省海北藏族自治州首府——西海镇。青海古称西海，西汉末年，汉王朝取四海升平，一统天下之意，在海晏县三角城设置西海郡。两千年的沧桑变迁，古西海郡已成为历史遗迹，但“西海”犹在，故取名西海镇，她已成为全国重点文物保护单位，国家爱国主义教育示范基地。如今绚丽的“蘑菇云”已经散去，银滩草原揭开了神秘的面纱，敞开胸怀迎接八方的宾客。

二　艰苦创业

1. 到“前方”去

1960年10月北京航空学院发动机系楼，南头一层大教室里，党支部书记将宣布108名航空发动机工艺专业毕业生分配名单。在那年代对于毕业生分配，人们的心态平和、宁静，人人脸上都流露出发自内心的喜悦。名单念到最后，书记饶有风趣地说：“XXX等四人分配到遥远的西北，到核工业系统工作，具体单位、地点，我也说不清楚。”事后书记告诉我们，到北京第九研究所报到。

当时交通极不发达的西北，在人们眼里是非常遥远、落后的地方。虽然我们几个都是独生子女，但既然选择投身国防事业，到边远地方去，也是顺理成章的事。核工业虽在我们心中是一片空白，但在那人心向上，人人争做有益于社会的人的纯真年代，听到这样的分配，心中充满着自信和自豪。西北艰苦，正是打造自己、大有作为的地方。我们也明白，在作出选择和决定时，是要放弃一些东西的。我回到宿舍独自坐在床头望着窗外，脸上平静而深沉，内心的激动已经湮没，真正感悟到一种神奇的力量在召唤，自己将任重而道远。第二天早早起床，吃完早饭，大家顶着寒风，沿着田间小道来到北京九所。我们走进一栋坐北朝南的红砖单身楼，在一层一间小小的办公室里，干部科王科长叫我们坐下，为我们倒上茶水，满怀热情地说：“欢迎北航同学来所工作。目前所里除开展一些基础科研外，都到‘前方’参加基地的筹建工作。组织的意见是：你们到‘前方’参加筹建工作。”没等话说完，我们异口同声地问：“我们去‘前方’什么地方？叫什么单位？”“到青海省西宁市胜利路105号报到，单位名称是青海省第五建筑工程公司。”王科长稍加停顿后继续说，“根据国家规定，大、中专学生毕业后需要劳动锻炼一年后才能转正定级。去‘前方’之前你们回家看看，元月中旬回到北京去‘前方’。”听完介绍，我们来到西单工商银行，领取了人生的第一份工资（46元），又只身来到五道口商场，兴高采烈地买了一个既能漱口，又能喝水的玻璃杯。这是我用工资支出的第一笔费用。透明、厚实的玻璃杯放在宿舍的窗台上，我望着它，愿自己今后的生活明亮、纯洁而坚实。我们探亲后回到北京，收拾好简单的行装，离开了朝夕相处、情同手足的同窗学友，恋恋不舍地来到前门火车站。王科长早已来到站台为我们送行，她祝愿我们旅途顺利，尽快适应工地生活。

登上西行的列车，带着对未来生活的向往离开北京。火车真像一个浪漫的童话世界，车上各色各样的人，有的带着希望在侃侃交谈，有的望着窗外在沉思，有的皱着眉头在低头等待。从行色匆匆的面容上看，人们正忍受着饥饿的煎熬。火车穿越平原、桥梁和隧道，沿途的车站冷清、萧条，没有什么东西可买。一进入西北高原，我们就感受到从未有过的苍凉。黄土高坡，酷似壮汉的脊梁，挺拔而峻峭。因植被破坏，水土流失，看上去伤痕累累，而在大雪覆盖下白茫茫一片真是干净。

列车横穿大半个中国，运行40多小时，到达西北工业重镇——兰州市。走出车站，映入眼帘的是不少从生态极度恶劣的陇西地区流入的农民。他们衣着单薄，睁着一双双饥饿的眼睛，为了生存正挣扎在死亡线上。我们把从嘴里省下来的一个馍馍，送给可怜的尕娃后，心情才似乎平静了些。夜幕降临，我们乘公共汽车来到西固城，换乘当晚混合列车奔赴西宁市。在我的印象中，当时那座矮小的车站，灯光灰暗，乘客拥挤，大家争先恐后拥进车厢，挤坐在车厢地板上。没有乘务员，没有灯光，沉重的车厢拉门也无法关上。火车一启动，就一溜烟儿地在夜幕里狂奔起来。一月的西北高原，寒风刺骨，身穿小棉袄难以抵挡寒风侵袭。不知谁说了一句：换到前面客车厢去！一时心里升起了希望，我们几个不约而同地说：走！列车一停，几个人马上跳下车，在伸手不见五指的黑夜往前飞奔，经过两次周转，终于登上列车仅有的一节客车厢。客车厢虽然也没有暖气，但比闷罐车厢暖和多了。一坐下，衣服上的寒气直往身体里窜，双脚也已冻得麻木。调干生老王脱下棉大衣，裹盖在我们的腿上，这才慢慢暖和起来，大家便谈笑风生地说起这次爬车的乐趣。列车运行 10 多小时，第二天中午抵达高原古城——西宁市。

当时的车站只是一排排平房。往北眺望，光秃秃的山峦，大风和阳光搅成一团。东边是已下马停建的车站大楼的钢筋水泥骨架，我们急急忙忙出了车站，乘公共汽车来到办事处。办事处是一栋人字屋顶的四层青砖楼房，在楼道里遇上同一车厢、前往“青海综合机械厂”的同事。原来是同一个单位，只是用的名称不同，因而没有在车厢多交谈。吃的第一顿晚餐，是灰黑色的青稞馒头和白菜汤。馒头发黏、牙碜，但吃起来还真有点儿新鲜劲儿。漫步西宁街头，来到仅有的一条“繁华”大街——东大街。除了大十字百货商店、邮局、新华书店、湟光副食品商店和军阀马步芳建的宾馆等几栋楼房外，多为一层的土坯房。街上路人稀少，商店里物资极为匮乏，仅有凭票供应的布匹和日用百货，副食品商店仅有不凭票供应的酱油膏。省政府斜对面的青海湖餐厅，除粮票供应的主食外，凭当日下车的火车票，每人可购一条干湟鱼。我们高兴地买来湟鱼放在暖气上烘烤，第一次品尝了青海湖的特产——无鳞湟鱼。在当时这座冷清、落后、荒凉的城市，流传着这样的顺口溜：“一条马路儿座楼，几个警察看两头，一个动物园，两只猴。”现在想起来，当时我们这些对未来生活充满憧憬的年轻人，硬是将这些冷清和荒凉当作一张白纸，决心在上面画出美丽的画卷。

2. 窑洞生活

从西宁到基地还有102公里路程。筹建初期，管理比较混乱，条件也差，没有班车，只能搭乘货车进厂。我们领取了四大件（棉大衣、狗皮帽、棉大头鞋、羊毛毡），在西宁等候了一周，才坐上那辆留下永远记忆的、开往四工区的敞篷货车。那天寒风呼啸，太阳一整天隐藏在隆冬的云雾中，天空像被灰色的帷帐笼罩着，一片灰蒙蒙。我们挤坐在为春节供应的粉丝、果酒、罐头纸箱和咸菜坛上。汽车一出市区，青藏高原独特的气息扑面而来。光秃秃的山峦，冰封的小溪，零星的村落，使人顿生荒凉寂寞之感。只有那些平坦屋顶上的烟囱，冒着白色的浓烟，呈现出一丝丝生活气息。汽车在坎坷不平的公路上奔驰着，人们犹如跨骑在野马背上似的颠簸着。汽车在湟源县城停下来，大家下了车活动活动筋骨，呼吸几口新鲜空气。汽车又急速行驶，一直来到南山口六号哨所接受检查。六号哨所是进入基地的大门，设有第一道岗哨，岗哨是一座仅3平方米的临时建筑。车上的人下车接受持枪战士证件检查后，横在马路上的栏杆高高抬起，汽车便进入一望无际的银滩草原。

“在那遥远的地方，有位好姑娘，人们走过她的帐房，都要回头留恋地张望。”歌声回荡在耳畔，眼前的草原远处是山峦的棱线，浮着淡淡的朝晖，宛如镀上一层金边。汽车在四工区场坪停下来，我们受到先期到达同学的热情接待。基地有四个工区，承担18个厂区的建设任务。1960年从北京、上海、西安等地来的30多位毕业生，分配在四工区劳动锻炼。四工区承担八、九、十厂区和污水处理厂的建设。我被分配到油漆工队，住的是一排坐东朝西的窑洞。另外三名同学分到斜对面的瓦工队和钢筋队。窑洞是用泥土夯实的围墙，用红柳条、油毛毡、泥巴糊成的半圆顶棚。低头进入南头第一个窑洞，中间空荡荡只有一座无法取暖的火炉。进入北边的小屋，只见东西墙上一扇小小的玻璃窗，室内阴暗。我在东南角的土炕上，收拾好自己的床位，就和老师傅拉起了家常。

每当清晨走出窑洞，空气总是清新宜人。来到附近的小溪提水，看到几股溪水在草原跳跃着汇成一条小河。河水清澈碧透，蜿蜒流入山坳。

建设初期，基地所有的砖、石都是从西安运来的，后来才在海晏县城进入银滩的马路西边建起了窑场，烧制红砖，修建轻便导轨以便进行运输。在基地最初的日子里，我们吃完早饭，就参加修建轻便导轨路基的劳动。劳动一天下来，全身骨头似乎散了架，一躺下便一觉睡到大天亮。冬天，草原上飘起鹅毛大雪，金银滩草原银装素裹，在灿烂的阳光照耀下，显得妖娆壮丽。最为壮观的是北部的雪山、蓝天和白云。雪山连着雪山，此起彼伏，连绵不断，一直连着白云蓝天。在阳光照耀下，白茫茫，亮晶晶。而在冰天雪地筑路，打炮眼儿最为艰难，几个人一天下来，也只能打一两个炮眼儿。筑路基，铺道轨，运送红砖、水泥、沙石，异常劳累。偶尔，工地上看到一只奔跑中的野兔，大伙儿的情绪一下子被调动起来，不停地追赶，直到它从视线中消失。晚上，每个床头上都点着一盏自制的小油灯，亮光若隐若现，人们在灯光下写家信、看书。每当饥肠辘辘时，大家就躺在床上聊天，分散饥饿感，享受精神上的会餐。话题是天南海北，毫无拘束，像满天雪花，飘到哪里是哪里。

这年冬天，全国范围的大饥饿迅速蔓延着，雪下了一场又一场，饥饿和严寒像猛兽一般袭击着草原。221 基地的干部每月口粮定量是 24 斤，还要节约一斤支援灾区，每月二钱油，几乎没有副食品供应。建筑工区定量高些，油漆工是 30 斤。食堂的主食是青稞面、谷子面（碾小米的谷子）。早饭一大盆稀稀的青稞面粥，一点咸菜或半块红豆腐乳；中午和晚上两个小的青稞面、谷子面馒头和一碗白菜汤。每逢节日发点面粉，我们就用石头架起脸盆或大罐头筒，拾点柴草做糊糊或面疙瘩吃。职工回家探亲，食堂发给粮票或部分面粉。由于渴望吃上一顿饱餐，有的年轻人一拿到面粉，就做成手擀面条或搅面疙瘩，猛吃一顿，撑的肠胃难忍，不得不送到窑场的临时医院治疗。即便是技术 6 级以上的科研技术人员，行政 13 级以上干部，也只发给一个小红本，每月凭此本多供应一点儿花生米、香烟和罐头。由于缺乏营养，基地 90% 以上的职工得了浮肿病，指甲盖凹了下去，大便异常困难。在生活极度困难的情况下，解决好基地几万人“吃”的问题，关系到队伍能否坚持下去，能不能早日造出原子弹的大局。筹建处党委坚决贯彻执行毛主席关于“尖端武器的研制工作仍应抓紧进行，不能下马”的指示精神，一手抓科研，一手抓生活，李觉和新调来的党委书记赵敬璞商量，请吴际霖、郭英会、王淦昌、彭桓武、郭永怀、朱光亚几位副所长继续抓科研，赵书记抓全盘和思想政治工作，李觉抓后勤供应。基地党委及时提出：“大抓职工生活，保证职工健康”“过好生活关，坚持下来就是胜利”的口号。基地组建了农、林、牧、渔专业队，垦荒种地，还购置机帆船到青海湖捕鱼，去周边打猎。在 20 世纪 60 年代初开垦荒地几千亩，种上土豆、蚕豆、油菜和青稞。国家遭受严重自然灾害的 1960 年和 1961 年，基地获得了好收成，还把捕来的湟鱼卖给职工。当提着沉甸甸的湟鱼，想美美的饱餐一顿时，细一想，这日子还得细水长流，于是又把鱼晾晒起来，以便慢慢享用。

1961 年 10 月，张爱萍副参谋长亲临基地视察，在全厂干部大会上，讲形势，鼓励职工，克服暂时困难，度过难关，稳定职工队伍。中央军委副主席、中央科技领导小组组长、国防科委主任聂荣臻副总理，得知西北在建的几个国防单位的困难后，他忧心忡忡。他向周总理报告后，周总理亲自到军委会议上部署军队各大单位筹措粮食，抽调数百万斤大豆、罐头、酱菜等物资，支援基地度过暂时困难。当一列列装运物资的火车抵达221火车编组站时，我所在的四工区建筑施工队参加了抢卸。从车皮到粮库，有的装袋，有的捆扎，有的两人担，有的一人扛，来来往往的人流形成了两条长龙，一派热闹非凡的景象。从此，每个职工每月可得到黄豆3斤等的额外供应。青海省政府也拨来两万多头牛羊，筹建处组建了牧场，每年节日供应职工一些牛羊肉。当基地建成了几栋单身职工宿舍楼时，李觉、赵敬璞、吴际霖等领导自己住进了帐篷，把楼房让给工程技术人员住。由于工程技术人员多，即便是双职工也分不上独立的住房。每逢节假日，不少同志挤到出差、探亲同志空出的床铺上住上一天，腾出房间（或帐篷）。这是在同一基地工作的夫妻才能相聚。赵敬璞书记胃出血，仍然是一碗白菜汤，两个青稞馒头。领导以身作则，与职工同甘共苦，率先垂范，哪里艰苦，哪里就有他们的身影，被职工誉为“赵青天”。领导清廉、透明、忘我工作的精神，亲密无间的干群关系，使我们这支队伍，站稳了脚跟，度过了难关，迎来了1963年国民经济形势的好转。小电厂（大电厂1963年3月才供电）由于备件不足，循环水管时被冻裂而停电。草原高寒缺氧，鼓风机无法启动，食堂无法用煤做饭，只得安排施工队上山打柴。每人每天打柴30斤，达到60斤就奖励休息一天。打柴的劳动比较自由舒心，大家三三两两带着工具，到附近的同宝山去打柴。西边的同宝山看着近在眼前，走到山脚下也得3个多小时。上山砍好红柳条捆好后背下山，每当路过青烟缭绕的帐篷时，年轻人总会提议去歇歇脚。走近帐篷，铁链子拴着的高大威猛的藏獒，会狂叫地扑过来。热情好客的藏民牧工，马上会走出帐篷热情迎接。大家进入帐篷，围着干牛粪燃烧的火堆，盘腿坐在地毡上，主人会沏上香喷喷的奶茶，用生硬的汉语和我们交谈。抽烟的职工，拿出节日凭票供应的香烟回敬主人。帐篷里充满藏汉一家亲的和谐气氛。

劳动之余，我们参加工区广播站的撰稿和播音工作。星期六晚上，我们朗诵《红岩》《林海雪原》等小说的精彩片段，也把职工中的好人好事撰稿播出，受到工人们的欢迎。露天电影最受职工的喜爱，即便是寒冬腊月，不少人会早早带着小马扎，占据有利位置。《冰山上的来客》《五朵金花》《地道战》等一批优秀影片，成为窑洞谈论的中心话题。春暖花开时，工区组织文艺演出队，由多才多艺、潇洒、豪爽的小胡同学负责，他最擅长的笛子独奏享誉基地。八九个人的演出队，一周就准备了山东快书、双簧、魔术、相声等近十个节目，到各建筑工区演出。当两人唱起《黄河大合唱》里的“河边对口唱”：

张老三，我问你，
你的家乡在哪里？
我的家，在山西，
离城还有三百里。
我问你，在家里，
种田还是做生意？
拿锄头，种田地，
种的高粱和小米。

一时引起刚刚放下锄头当上建筑工人的年轻人思念家乡的共鸣。周日，有的同志在小溪旁开垦的菜地里，整地、除草、施肥和浇水。由于错过了开荒的季节，我们只得到农业队已收获完的地里挖野萝卜。小手指粗的野萝卜，忙了一上午，也只能挖到一小罐头盒。但总算有收获，高高兴兴拿回来，洗洗干净，拾些红柳条在火炉一煮，吃起来，真是香喷喷的。小胡种的土豆，那年丰收了，整整收了两面袋。晚上邀请我和小周一同吃土豆。煮了半白铁桶的土豆，火灶上飘出土豆味，已将整个窑洞熏得透香透香。几个人围坐在火炉旁，用剥了皮的土豆蘸盐巴，吃得那么香甜。这是来基地吃到的第一顿饱餐。那时，家住城市的同学，家人或女友寄来一点高价点心和糖果，总是与自己的好友共同分享。个别饭量大的同学，在工区食堂花上两元钱，从回农村探亲的职工中换取一个馒头充饥。油漆队的一名年轻人，与牧场牧工合谋，约定在星期日放牧收工的小溪旁设下埋伏，当羊群路过小溪时，这位年轻人特意将一头小羊拖入水中淹死，拉走杀了分给几个好朋友吃了。牧工仅赔了少量款。此事暴露后，四工区领导找到油漆队队长要队对年轻人进行批评教育。队长找到在队劳动锻炼的我，叫我找这位年轻人谈话。在那困难的年代遇到这类事如何去谈？想来想去，一句话将心比心地谈。在人静的窑洞里，找到这位年轻人，进行心平气和的交心谈话，讲了当前的生活困难是暂时的，挺一挺就会过去的。现在口粮不够，拿出我的一点点粮票给出他。这位车轻人低下了头，承认错了，以后不干这种损害集体的事，也拒收粮票。在万里晴空，风和日丽的周日，我们几个年轻人，骑着借来的自行车沿着尘土飞扬的小路（现在已修成进入西海镇的柏油马路）到县城逛逛。当时整个海晏县仅 5000 多口人，县城很小，仅有几栋平房的小百货商店、新华书店、邮局，每次总要进去看看有什么新书出版，商店有什么变化。

机械二厂车间土建工程相继完工，油漆工开始油漆工作，我们攀上钢筋房梁，系上安全带来往于钢梁间刷底漆和深灰色油漆。而刷门窗则要细腻多了，老师傅教我们如何配制油漆腻子，油漆刷的匀称和光亮。通过师傅的帮带，最后我独立完成了门、窗的油漆工作。从 515 车间到 511、512、513 车间，我们整整工作了三个月，安全圆满地完成了施工任务。工区生活、劳动条件艰苦，甚至还会带来一些痛苦，而这些痛苦，又是不能讨价还价的。保尔、吴运铎、方志敏等英雄形象，成为我们咽下艰辛、保持坚强的支点，也使我们能比较自觉地自律。建筑工区的艰苦劳动和生活，让我们增强了不惧困难、坚韧不拔、顽强拼搏的精神，今天想起来依旧充满了怀念和向往。

3. 草原第一炮

五月的草原，春意姗姗来迟。七月盛开的马兰花、狼毒花令人眼花缭乱。吐绿的草地，犹如铺上茸茸的地毯。机械二厂的各车间相继交付使用。宋光洲同志带领北京九所的同志与厂第三办公室一起，进入十厂区成立机修厂（先后改为机械二厂、三分厂）。劳动锻炼的同学都回到机械二厂，参加车间筹建工作。

新的生活，新的工作，一切都要从头做起。来到机械二厂的第一天，我们就把自己当成基地的主人，默默地做着一切该做的事情。规划中的木工车间，临时改造成精密加工车间（512）。除车间领导、老工程技术人员住在车间办公室外，我们和其他职工住在车间外搭建的棉制帐篷里。每顶帐篷住着四五个人，两条长凳支着一块门板就是床，没有桌椅，每人仅有一个自制的小马扎。技术人员坐着马扎，伏在床上放置的图板上，拉着计算尺设计工艺装备，有时和工人师傅一起拉运、安装设备。到了冬天，天寒地冻，雪花飘满天，帐篷里没有取暖火炉，早上起床毛巾冻成硬邦邦的。车间没有送暖气，自己动手用大油桶改成煤炉生火取暖。

车间筹备的日日夜夜，真像古罗马角斗士那样的拼杀，把精力、毅力和智力全部调动起来。用几根撬杠、滚杠和手动葫芦，像蚂蚁啃骨头那样，在短短两个月时间里，将几十台设备运输、安装、调试完毕，生产出一批工艺装备，初步具备了生产条件。这时车间进行了休整，调整劳动组织，建立规章制度。好不容易有个假日，大家喜欢躺在床上看书或一起聊天，谈谈艰辛的童年，叙叙同志的友谊，说说人生的理想，回忆学生时代的学习生活。青年人谈的更多的是事业发展，在交流中我们憧憬着基地的明天。人有了希望，也就有了灵魂。谈论中大家有一个共同感觉，那就是在学校时，觉得学习生活平平淡淡，总想早点跨出校门走向社会，到工作单位体验工作的乐趣。走上社会后，便发现学校的生活，同学间的纯朴、真挚的友情，为人师表的老师，学校元旦晚会、春节包饺子聚会等活动，那是让人最怀念的时光。

美不美故乡水，亲不亲故乡人，离别家乡念家乡，是情感的自然流露。一次在谈论名胜古迹时，来自北京和西安的两位年轻人，发生了一场哪个城市古迹最多、最美的争论。小马首先开了腔："陕西这块山川壮美的黄土地，曾是 10 个朝代的都城，有 1200 年建都史。有中华民族始祖黄帝轩辕氏陵墓，有秦始皇、汉高祖、唐太宗等陵墓。"小王马上插话说："北京是六朝古都，又是一个历史丰富的博物馆。有中国古代文明的遗产长城，有明代的故宫，有天人合一的天坛，有皇家园林的颐和园。"一说到古迹景观，小马急着说："西安有大小雁塔、钟鼓楼。举世闻名的"丝绸之路"就是从西安北，经陕西沿河西走廊西行的。"两人的争论把北京和西安的历史文化古迹说的淋漓尽致。最后还是小杨开了腔："好了，不用争了。西安是我国历史悠久的古都，北京是中国的政治、文化中心，是历史名胜古迹最多的城市，都有中国的灿烂文化，都值得我们引以为自豪。今后有机会到两地去看看就清楚了。"

要让原子弹爆炸，首先要从理论上摸清原子弹的内爆规律，并通过爆轰试验掌握这些规律和技术，完成和完善理论设计。领导这一试验的是王淦昌、郭永怀、陈能宽等人。早在 1960 年 4 月上旬，主管炸药成型研究工作的二室副主任孙维昌（主任是陈能宽）带领一个 10 多人的小组，在长城脚下的工程兵试验场（代号十七号工地），开展了前期炸药成型工艺试验。上级要求五一节前拿出炸药柱，打响第一炮，在加工工号刚开始建，熔药炉没有到货的情况下，为了抢时间，因陋就简，在搭建的帐篷里，利用一台普通锅炉，从部队借来几只熔药桶，动手浇铸炸药件。他们用马粪纸作炸药模具，焊接一把双层结构的铝壶，外层通上蒸汽，里面熔化炸药，为保证炸药部件密度均匀，用木棍不停地搅拌。炸药熔化后形成的蒸气和雾腾腾的粉尘充满整个帐篷，气味刺鼻，毒性也大。越是苦累大家越是争着干，冒着生命危险，忘我地研制炸药部件。4月21日，靠我们自己的智慧和力量，闯过了研制原子弹的第一关，打响了爆轰试验的第一炮。揭开了我国核武器爆轰试验的序幕。为进一步完善爆轰试验，决定上爆速高、密度大的混合炸药。为解决炸药的缩孔和裂纹质量问题，从兵器部724厂求援了两套小球模具，解决炸药浇铸的急需。同时试制小球模具的任务落实到刚刚开工生产的512车间，宋光洲副厂长要求车间20天内完成。小球模具的尺寸、装配几何精度和光洁度要求高。这样的产品大家都没接触过，我们在学中干，在干中学，在探索中前进。技术难关的突破，靠的是群策群力，大力协同的群众路线。三五人在一起一商量就有了办法。周师傅精心磨制的球形刀具、回师傅改进装配工艺，确保了产品质量。为保证任务完成，车间实行两班工作制，少数同志住在四工区和总厂。当时厂区比较荒凉，夜深时野狼经常出没，领导照顾让他们上白班，可这些同志坚持不搞特殊，下晚班时就拿着棍子走，即使遇上风雪天也从不迟到早退。由于同志们的共同努力，终于提前一天圆满生产出小球模具产品，满足了北京十七号工地爆轰试验的需要。

承担的另一项爆轰探测装置，由于探针细长，有机玻璃加工中易变形，装配后精度迟迟达不到要求。一天上午，身穿长黑皮大衣的王淦昌，来到坐标镗床间，看见大伙正围着探测装置热烈地讨论。王老面带微笑走过来和大家亲切握手，详细介绍了部件的工作原理及关键技术要求，风趣地对我们说：“俗话说：三个臭皮匠顶个诸葛亮。像你们这样的分析和实验，问题是可以解决的。”王老的鼓励和开导，增强了我们克服困难的信心。通过多次改进，终于加工组装出合格的产品，保证了草原爆轰测试的需要。当王老再次来到车间，拿着精巧的探测装置时，脸上露出了笑容，他说：“谢谢你们，还是干部、技术人员、工人三结合把问题解决了。”王老那种对工作高度负责的精神，工作上的严谨、务实，学术上的民主，深入科研、生产、试验第一线，平易近人，和蔼可亲的作风，深深感染和影响了我们这一代年轻人。

第二生产部 201 车间，用块装法生产出第一个炸药部件，1962 年 12 月 20 日，打响了草原爆轰试验的第一炮，加快了原子弹理论设计的进程。在爆轰试验中，经过大家认真讨论、论证，最后采用陈能宽的坐标一号聚焦元件方案进行实验。王淦昌先后提出“综合颗粒”等方法，在爆轰驱动和特态方程的爆轰试验上，取得了突出成就，通过大家努力，突破了测试技术难关，基本掌握了内爆的规律和实验技术。建设中的原子城，人们和睦相处，沉浸在探索、开创的事业中。人们不计较生活的单调，条件的艰苦，唯独关心的是科研中取得技术上的突破，尽快试制出合格产品，在爆轰试验中取得成功，职工就是在这样的拼搏进取中收获快乐。

4. 拾蘑菇去

高原上的季节，严格说来，只有冬夏两季。春秋两季一即而逝。高原上的春天总是迟到，五、六月份草地有点绿色。等到草地遍绿，已是七月时光。而七、八、九三个月是草原的黄金季节。遍地牧草吐露着高原独有的芬芳和清香，山花烂漫，漫山遍野，沁人肺腑。盛夏的八月，天气多变。晴空万里的天空，时而下起大雨，时而阳光高照。那蓝色的天，白净的云，时而还领略到那顶天接地的巨大彩虹，第二天准是拾蘑菇的好日子——下班后，三三两两的人群，走在潮湿松软的草地上，走进废弃的牛羊圈，只见一块块长满的蘑菇，叫人兴奋不已，口袋装满了，有的人就脱下外裤把两个裤腿口一扎，就成了装蘑菇的袋子。大家带着丰收的喜悦回到帐篷，把蘑菇洗净加点酱油膏一煮，就能美美吃上一顿。草原上地鼠、旱獭多，旱獭肉肥美可口，皮毛可做精美的帽子。但旱獭身上的跳蚤是传播鼠疫的媒介。有一次，车间几位师傅，在拾蘑菇的路上，捕获到一只旱獭，足足有四五斤重。带回帐篷收拾后，饱饱地吃了一顿。当得知该地区历史上曾出现过鼠疫，致人死亡的案例时，领导当即采取消毒、隔离措施。大家的情绪一下子紧张起来，有的流下了后悔的眼泪，有的留下了遗言。帐篷外的同志，为他们送去香喷喷的米饭、罐头及安慰的纸条。一周后被隔离的同志身体未发现异常解除了隔离，大家紧绷的心弦才松弛下来。这件事作为一次警示，深深印记在人们的心中。

5. 温暖真情

在那朝气蓬勃的年代，对事业的执著追求和信念，把来自五湖四海的同志凝聚在一起，大家相处得是那么真诚、和谐。1961 年年底我成家后，又搬进了窑洞居住。那是毗邻油漆工队一排排坐北朝南的窑洞。进入窑洞门向右，仅有 10 多平方米的空间，窑洞内用板条、油毛毡隔出两间房，住两户人家，外门一把锁管两户。在前半间旁再间出一人宽的过道，过道往里是板条支撑的油毛毡的内小门，出门时用铁丝扣着，过道里放着一只白铁桶，盛水共用。那时候，两家人总是争着早早起床，抢着去附近的小溪破冰提水。我家住的窑洞里，前半部住着留学归来的老宋两口子，我们住在后半部。平时室内说话都是轻声细语，以免打扰邻居。夜深人静，窑洞外传来狼的嚎叫声、而洞内老鼠在顶篷上追闹不停，好在年轻人一躺下就睡到大天亮。我们两户人家，分别在小溪旁开垦了菜地，种菠菜、土豆等，我和已怀孕的爱人下班后，去掏大粪，浇水、除草，还经常和老宋两口子分享收获的喜悦。爱人怀有身孕，想吃点香的，只能将分配购买的湟鱼内脏（有毒）掏出来放在脸盆里，上面盖块玻璃，在太阳下暴晒，晒出一点油来炸馒头吃。一次，爱人回内地分娩，火炉的火墙排烟不畅，我早上起床时一下栽倒在床上。我大声呼叫："老宋，我可能煤气中毒了，起不了床。"老宋两口子急忙敞开大门，推开小门疏通了火炉，又从卫生所请来了大夫，还送来了从北京带来的大米做好的香喷喷的稀饭。一阵暖流涌上我心头，连声说："谢谢！谢谢！"是啊，221 人那种敦厚、淳朴、善良、率直的情感，成为我一生中难以忘怀的记忆。

6. 草原婚礼

摆脱了三年自然灾害的阴影，国民经济开始好转。1962 年冬，海晏县城出现高价奶糖和手抓羊肉，机械二厂也迎来了草原的第一场婚礼。新郎是厂办公室负责人老张，一米七高的身材，浅黑色的皮肤，一双炯炯有神的眼睛。他从空军部队转业到上海工作，又从上海调到基地。原女友在上海，由于老人需要照顾，加之当时青海贫穷、落后，无奈便和老张分手了。基地里女同志特别少，眼看老张 30 多岁的人还没有对象，党委书记裴文德看在眼里，急在心上，找到筹建中医院的党委书记谈起这件事。领导牵线搭桥，使老张结识了一位医院的女同志。我们那个时代的人思想单纯，感情真挚，任何事情都解决得快。当时的恋爱再简单不过了，见面谈谈，觉得合适，再多接触几次，就产生了感情。经过半年的相识，这对有情人终成眷属，由组织出具证明，到海晏县登记结婚。婚礼在筹建的 513 车间北跨举行。墙壁正中贴着大红纸书写的大幅双喜字，

“相亲相爱结良缘，志同道合创新业”的对联贴在两旁。参加婚礼的同志，自带小马扎围坐在一起。在“革命人永远是年轻”的音乐声中，身着藏蓝色中山装的新郎与身穿深红色毛衣的新娘，带着自制的小红花，满面笑容步入会场，引来了热烈的掌声。司仪邵胖子饶有风趣地开了腔：“今天草原第一座小高炉正式点火运行，愿这座小高炉炼出第一炉优质铁来！”一下子把大伙逗得捧腹大笑。双方领导作为主婚人、证婚人讲话。新郎、新娘按照司仪要求，一丝不苟地向主婚人、证婚人、来宾一一鞠躬，相互鞠躬。新郎、新娘在大伙儿要求下，演唱了《大海航行靠舵手》。向来宾分发高价买来的糖果后，婚礼在热烈的掌声中结束。新郎、新娘在双方领导陪同下，来到车间三楼临时腾空的办公室，两张单人床和双方的被子凑在一起就是新房。生活就是这样，生活的艰苦，条件的简陋，个人的幸福和快乐，也变得十分简单和具体。

男女比例严重失调，当时在 221 基地找对象相当困难。若在内地找，这里地区偏远、落后，还需组织严格审查，更加大了找对象的难度，这也成为建设中的一道难题。后来，基地从北京、上海招收了一批技校和高中毕业的女学生，充实科研生产和实验室队伍，加之医院、学校、商业队伍的发展，女青年逐渐增多，年轻人找对象难的问题才得以缓解。

7. 怀念好友

在基地，有不少出身于革命干部家庭的同志，他们勤奋地工作在科研、生产岗位上，为核武器的发展作出了重要贡献。这里讲的是一位极为平凡的刘维海同志。1962 年夏天，刘维海从大连造船厂调到 512 车间，领导觉得他有文化又熟悉生产，叫他负责器材组工作。精密加工车间工种复杂，临时科研项目多，器材冒项也多。他成天来往于车间和器材科库房，担担扛扛，来回不停。即便是公休日，他也不停地整理账目和库房。他到来后，车间器材计划和供应及时、准确，账目清晰，库房器材摆放整齐，受到职工的好评。他主办车间的黑板报，画画写写也算是工人中的秀才。刘维海同志工作踏踏实实，任劳任怨，有一种干不完的工作劲头。他从不张扬，话也不多，总是一副笑脸，小眼睛一笑就成了一条缝。业余时间，我们坐在工区大通铺上聊天，谈起他在北京的生活。他从湖南宁乡到北京上中学，住在堂伯父刘少奇家。刘少奇同志对子女要求严格，从不用公车接送孩子上学，孩子们都很朴素。刘维海的衬衣领子和袖口补了又补，但总是穿得整齐、干净。高中毕业时，刘少奇同志问他："毕业后有什么打算？"他毫不犹豫地回答："当一名工人。"少奇同志点头表示同意和支持。于是，他到大连造船厂当了一名铣工。1963 年秋，他爱人也从湖南调来基地，在医院当卫生员。1966 年，我们曾同住在一个二居室小单元间，一户一小间，共用一个卫生间和厨房，两家和睦相处，过节还在一起聚聚。有一次，老刘到西宁采购车间急需的工具材料，爱人面临分娩，大家找来担架送往医院。老刘深夜返厂，来到医院，见到躺在病床上急待分娩的爱人，心里十分感动。

车间搬到一分厂 101 车间后，规模扩大，承担的科研生产任务增多，器材组人员也增加了。作为组长的刘维海深入生产班组做好材料计划的申报，急生产所急，不厌其烦地对外联系。他热心为基层服务、为生产服务，从未和同志们发生过争执，深得职工好评，多次被评为先进工作者。"文革"期间，由于众所周知的原因他受到审查，身患肝炎而得不到及时治疗。"四人帮"垮台后，组织为他平反。他来到长沙的医院住院治疗，但为时已晚，肝硬化腹水已到晚期。我探亲时曾到长沙的医院看望他，他表示：希望早日出院，做点力所能及的工作。他还收集整理资料，准备写一本在北京生活的小说。老刘稍作治疗后便返厂，仍默默耕耘在物资战线上。

由于病情加重，在厂内多次住院，终因医治无效而早逝，未能实现他的夙愿。他去世时，我望着他蜡黄的脸上留下的痛苦和挂牵，禁不住漫溢出不尽的哀思。他的才华未及全部展示出来，就匆匆离开了我们。他和众多工作在生产保障和生活后勤部门的同志一样，几十年如一日，用青春、用智慧乃至用生命的所有积蓄，默默奉献，倾心尽力，无怨无悔，甘愿在庞大的核武器系统工程中，燃烧自己，为核武器的发展织出了绚丽多彩的蓝图。

三　596 工程

1. 以身许国

尖端的事业，需要一流的科学家。在钱三强的力荐下，党中央决定调派王淦昌、彭桓武、郭永怀等科学家参加核武器研究和领导工作。于是，他们放弃了优越的工作、学习、生活条件，毅然走进了北京花园路那座灰色楼房——北京第九研究所。

为加速原子能工业建设，部、局领导们把吸纳和培养人才放在一切工作的首位。二机部向中央请求并经党中央批准，1960 年 3 月从中科院、各部委和全国各地抽调包括程开甲、陈能宽、龙文光在内的 105 名高、中级科研和工程技术人员。1962 年 10 月，中央专委再次批准增调张兴钤、方正知教授和黄国光工程师等 126 名高、中级技术人员，充实产品设计和制造的队伍。

记得那是 1961 年 4 月，刘杰部长约见刚刚回国的著名科学家王淦昌。王老曾任前苏联杜布纳联合核研究所副所长，他所领导的小组，在世界上首次发现反西格马负超子，把人类对物质微观世界的认识向前推进了一大步，蜚声中外。刘部长向他传达周总理指示，请他参与和领导研制战略核武器——原子弹的工作，并对王老说："这工作很重要，但很艰苦，很危险，更重要的是要你放弃非常熟悉、非常热爱，并已有重大进展的研究，去开创一个全新的领域。"并要求他绝对保密，长期隐名埋姓，不得告诉父母、妻子。刘部长给王淦昌三天时间考虑，王老当即果断地说："刘部长，没什么考虑的，我愿以身许国。”从此，王淦昌改名王京。当有人问他老伴儿，王老到哪里去了，老伴儿总是说：“到邮箱里去了。”因为，她只知道王老通讯地址的信箱代号。王老隐姓埋名17年，从事核武器的试验研究，指导爆轰试验、固体炸药研究及射线和脉冲中子测试等一系列关键技术的研究，完成了许多开创性的工作。特别是在地下核试验中，王老耗费了巨大精力研究改进测试方法，使我国在试验次数很少的情况下，掌握了地下核试验测试的关键技术。直到粉碎“四人帮”两年后，1978年，国务院任命王淦昌为二机部副部长时，人们才从新华社的消息中，重新看到了王淦昌这三个字。王老始终站在世界科学前沿，辛勤耕耘，开拓创新，勇攀高峰，取得了多项令世界瞩目的科学成就。

被誉为“影响了整整一代理论物理学界的一代宗师”——著名科学家彭桓武，当有人问及他临危受命的心情时，他的语气充满一种天经地义的自然，他说：“这件事总要有人来做，国家需要我来，我就来了。”1961年春天，周总理在中南海西花厅，会见了王淦昌、彭桓武、郭永怀。周总理谈笑风生、热情洋溢地与科学家们交谈。“彭桓武，你过去见过原子弹吗？”总理问。“谁见过那玩意儿呀！”“你以前懂不懂原子弹？”“谁懂那玩意儿呀！”总理说：“彭桓武呀，这可是严肃的政治任务。”就是这句“严肃的政治任务”，伴随这位科学界富有传奇色彩的人物，辛勤耕耘了一生。他在理论研究、核爆炸研究、核反应过程研究中做出了杰出贡献。彭公知识渊博，看问题深刻，科学的思维方法，深深影响了我国理论物理学界一代人。彭公在理论设计计算中，当存在众多的影响因素时，他善于抓住主要矛盾，先做一些假设，把次要矛盾暂时搁置，大刀阔斧进行简化，最后导出一些关系式进行计算分析。主要矛盾处理好后，再回过头来处理次要矛盾的影响，这种思路形成的初估方法，一直应用于原子弹反应过程的分析研究中。1982年，核武器理论设计获得国家自然科学奖一等奖。按照国家规定，这一枚金质奖章应授予名单中的第一位获奖者。而彭公坚辞不受。他说："这是集体的功勋，不应由我一人独享。"实在推脱不了，他就先收下，还说："既然归我了，我就有权处理。请带回去放在所里，送给所有为这项事业作出过贡献的人！"

被称为核武器研究领域最初三大支柱之一的郭永怀，（其他两位是彭桓武、王淦昌），为了能回到祖国，在美国求学时从不参加机密工作，回国前一把火烧掉了他的一本未完成的书稿。1963 年，他与北京科研队伍一同迁往 221 基地，在恶劣的自然条件下，经常风餐露宿。平时不苟言笑、总爱沉思的郭永怀，工作起来精力超人，解决了许多重要的动力难题。1968 年 12 月初，他在 221 基地发现一个重要数据，急于赶回北京研究，便搭乘了夜班飞机。12 月 5 日凌晨，飞机飞临北京机场，距地面约 400 米时，突然失去平衡，偏离跑道，在 1 公里外的玉米地坠毁。清理现场时人们惊奇地发现，他紧紧抱着装有绝密文件的公文包。在飞机遇险、生命将尽的最后瞬间，郭永怀用自己的身体保护了国家有重要价值的科技资料！他的英勇壮举深深地印刻在广大科技人员心中，成为抛洒热血、尽忠祖国的永恒雕塑，他们是中国知识分子的楷模，他们心里只装着国家和民族，唯独没有自己！中华民族正是有了一大批像王淦昌、彭桓武、郭永怀这样的民族精英，才真正挺起了民族脊梁，自立于世界民族之林。

2. 九次运算

原子弹研制初期，工作大致确定了六个环节。如果说原子弹的研制是一条龙的话，理论设计就是龙头。原子弹的理论设计，就是使处于次临界状态的裂变材料，瞬时达到超临界状态，再适时提供若干中子，触发链式反应在瞬间释放巨大的能量。我国第一颗原子弹装置，采用的是内爆法原理。用高能炸药爆炸，产生的内聚冲击波和高压力，压缩处于次临界状态的裂变材料，使其密度急剧升高，达到超临界状态。试验用的活性材料，采用的是高浓度铀-235。与枪法比较，内爆法使用的活性材料少。

我国开始第一颗原子弹理论设计及基本结构模型的研究时，正值我国处于三年困难时期。在彭桓武、邓稼先、周光召领导下，从1960年4月开始，邓稼先带领十几个刚从大学毕业的青年人，在十分艰苦的条件下，从最基本的《中子输运理论》《爆轰理论》《辐射流体力学》三本书学起，他亲自授课，组织讨论并立题进行研究，一边学习讨论，一边举办各类学术讲座及学术报告会，请老专家讲课，为快速突破关键技术奠定了坚实基础。苏联毁约停援后，邓稼先立即组织理论队伍对原子弹的物理过程进行大量的模拟计算和分析，迈开了中国自力更生研制核武器的第一步。科研人员凭借四台手摇计算机，一天三班倒，日夜连轴转，运用特征线方法计算内爆型原子弹的物理过程，考察各种物理因素和参数对计算结果的影响。那时，九院理论部上下关系融洽，部、室主任平易近人一律以“老邓”、“老于”、“老周”相称。日夜不停的计算，大家经常“饥肠响如鼓”。邓稼先从岳父那里多少得到一点粮票的支援，都用来买糕点与同事们共享，有时到餐馆改善一下生活。他们就是在这样艰苦的条件下，日夜加班，计算用纸装了一麻袋又一麻袋，堆满了房间，二十多天后取得计算结果。由于缺乏经验，差分网格取大了，没有体现几何形状的特点，但从中发现了一些新的物理现象。为此进行了第二、三、四次计算。两个月后，三次计算所得结果十分接近。但其中一个很重要的数据，与苏联专家讲的技术指标不符。面对权威，大家没有却步，经过反复验证和讨论，又提出了三个重要的物理因素，建立了三个数学模型，形成了第五、六、七次计算。清晰的物理图像，多次重复的数据，都说明我们的数据是正确的。但又没有足够的论据否定苏联专家所讲的那个指标。到1961年，由数学家周毓麟等研究的有效数学方法和计算程序，使用中科院计算所的104电子管计算机，又进行了第八、九次计算，结果仍然一样。而苏联专家所讲的数据，是在振动收敛过程中，偶然出现的波峰值，是应该省掉的，从而否定了苏联专家的数据。不停地计算讨论，讨论计算，共进行了九次，历时一年。这就是研制原子弹初期广为称道的“九次运算”。后来的力学模拟计算，与前九次计算相差不到5%。爆轰试验也证明，九次计算的结论是正确的，终于摸清了原子弹内爆过程的物理规律，为理论设计奠定了基础。其后的爆轰试验又从理论与试验的结合上，完善和完成了原子弹的理论设计。1963年3月，理论部提交了中国第一颗原子弹的理论设计方案，为原子弹的结构设计提供了可靠依据。

3. 让我来！

1960年，在北京九所二室，李富学和其他三位同志接受了微秒级雷管研制任务。对于这项既陌生，技术要求又高的任务，他们勇于思考，多路探索，敢于走前人没有走过的路。在完成几个型号产品初步设计后，由于试验和测试条件限制，所里决定派李富学等三名同志与兵器工业部八〇四厂协作。当时，国家正遭受严重的自然灾害，西安的生活条件非常艰苦。为解决粮食、副食供应问题，他们将户口转到西安，下定决心完成任务后再回北京。他们一下火车，来不及安排好生活，便投入到紧张的工作中。合作单位缺少几台关键仪器设备，他们又赶回所里求援。在所领导的支持下，很快从其他单位调进了仪器和设备，自己动手安装调试，直到具备研制实验条件后，又投入到紧张的工作中去。在科研中他们对每一个数据经过反复试验无误后，才进行后续工作。月复一月，年复一年，通过近万次的试验，最终确定了产品结构外形、材质及装药量等数据。王淦昌和二室副主任吴永文来到西安看望他们，充分肯定了他们的研制思路和方法，指出：“还要通过爆轰物理试验，对雷管进行动态考核，从理论与实践结合上完成研究设计。”并决定特殊雷管在北京17号工地进行爆轰试验。从西安到北京，产品长途运输有一定危险性，李富学勇挑重担，对小组同志说：“让我来！”说得那么朴实、豪爽和自信。在对产品进行软包装后，为防止产品在火车厢里颠簸和冲击，李富学和警卫战士轮流坐在产品箱上。在崎岖的公路上，他坐在卡车司机室里，紧紧地抱着产品箱，当长途跋涉到达目的地时，老李的双腿已麻木得失去知觉。同志们接过产品箱时感慨地说：“老李，真是好样的！”

微秒级电雷管爆轰试验取得了满意效果。在局专业技术委员会汇报会上，专家们充分肯定了多个型号微秒级电雷管的科研成果。辛勤汗水的浇灌，终于有了收获，李富学的心中充满了成就感。产品成功应用于我国第一颗原子弹、氢弹试验上。1980年，“微秒级电雷管”产品质量荣获国家金质奖。由于他在研究和设计中的突出贡献，荣获了协作厂设计一等奖。随后，他又以科学严谨的态度和丰富的经验，编写了特殊雷管的技术标准等技术文件。

知识和经验的积累，拓宽了李富学的思路和方法。1986年，吴副总工程师交给他一项新的研究任务。时间紧，要求高，技术上又无资料可查，他大胆应用核武器研究的技术成果和经验，起早贪黑，埋头实验，不断改进优化设计。由于过度劳累，牙床红肿疼痛，他就含一口凉水，忍痛继续进行初步设计。正当历经上千次机械、电器性能试验，即将取得技术上的突破时，他80多岁患重病的老母亲在老家不慎摔断了腿，病情加重，家中多次来电催他回家，他只得去信安慰，依旧一心扑到实验上。这项开创性的设计在厂区爆轰试验中取得成功，但在厂外大型试验中却遇到挫折。他连夜赶到基地，和同志们一同查找分析原因，排除故障，亲自装配产品，取得了发射试验的成功。李富学兴奋地说：“工厂在中央决定撤销的情况下，在较短时间研制、试验成功产品，真是来之不易。它凝聚着221人的智慧和胆识。”

他长期担任雷管组组长，待人和蔼，坚持原则。1988年，二二一厂进行核设施退役处理，贮存多年的残、次特殊雷管组件要进行销毁。由于产品贮藏时间长、数量大，特别是青海气候干燥，性能不稳定，极易发生事故。他亲自动手对不同型号、不同贮存时间的组件依次进行检查测试，制定搬运和销毁方案，身体力行，大胆谨慎带头操作，连续作战，和同志们一道圆满完成了销毁任务，体现了一位共产党员无所畏惧的高尚品德，为基地移交和平利用，交出了一份合格的答卷。1989年李富学荣获全国劳动模范称号。

4. 初战告捷

1962下半年，512车间接受了核装置中第一个关键部件——聚焦元件的研制任务。部件形位和尺寸精度要求高，是形状特殊的薄壁零件，铸造、加工、测量都十分复杂和困难。宋光洲副厂长组织两个车间的工程技术人员、工人，开展联合技术攻关。陈技术员和我分别负责聚焦元件中的A零件和B组件的试制。A零件遇到的第一个问题是，铸造毛坯的质量迟迟达不到技术要求。511车间（即后来的301车间）每改进一次铸造工艺生产出的毛坯，副主任郑宝湖工程师都亲自送到512车间，站在机床旁察看切片的内部质量，和512车间副主任严文灿工程师等技术人员一同分析、研究，提出改进意见。通过数十次铸造工艺的改进，511车间终于克服了缩孔、裂纹、针孔等缺陷，铸造出合格的毛坯零件。为解决A零件加工中零件的测量和变形，技术组宋组长，陈、周技术人员，邢师傅和检查科郑哲工程师等协同配合，对加工工艺装置、测量工具和方法进行了不断探索，计量室测量了上万个数据，不断地改进、完善了加工和测量方法，终于实现了技术上的突破，形成了独特的加工、测量技术，收获了成功的喜悦。B组件的研制，侯国义工程师给予了技术上的指导。侯工程师是一位精力充沛、思维敏捷、动手能力强、有个性的工程师。我们在一起构思了两套工艺方案，设计了20多项加工工艺装备草图。和工人师傅反复讨论后，确立了一种工艺方案，取消了部分装备，缩短了工艺流程。试制过程中工段长文师傅，革新了型腔加工装备，解决了加工中零件的变形和测量问题，B组件组装后进行加工时，在专用设备未到货的情况下，自己动手制造了专用型面加工和检验工艺装备，保证了组装后的加工质量。正当研制工作紧张进行时，总厂将从机械二厂工程技术人员中，选用两名学术秘书。当听到我作为候选人选时，一时思绪万千，是去还是留？正当我犹豫不决时，王子通厂长看出了我的心思，把我叫到他的办公室，语重心长地对我说："小王，留下来吧！多在基层锻炼，增长知识和才干，这对青年人成长有利。"简短的几句话，表达了一位老干部对年轻人呵护的浓浓深情。我的情绪很快平静下来，决心在基层锻炼。正是因为十多年的基层思想磨炼和知识积累，我才慢慢成熟起来。1963年6月，聚焦元件的研制取得技术上的突破，它是221基地研制成功的第一个核武器关键部件，是坚持领导、技术人员、工人三结合的产物。中央军委副秘书长张爱萍、工程兵司令员陈士榘来车间视察指导工作时，察看了该部件的加工，八一电影制片厂在车间摄制了聚焦元件加工过程，作为向中央汇报原子弹研制的资料片内容之一。

5. 移师青海

1964年初，中央军委副秘书长张爱萍到铁道部干校为九所同志作动员，发出了"草原大会战"的战斗动员令，将军满怀豪情地说：现在的情况是"春风已渡玉门关""西出阳关有故人"，激励大家艰苦创业的热情。告诫同志们，牢记工作性质、地点“上不禀父母，下不告妻儿”的保密纪律。大批科研职工满怀热情，抛弃首都的优越生活、工作和学习条件，义无反顾，远离亲人，有的甚至隐姓埋名，毫不犹豫地服从工作需要，怀着报效祖国的激情奔赴气候环境恶劣的青海高原，王淦昌、彭桓武、郭永怀、陈能宽等一批科学家也来到青海。加之历年分配的大、中专院校毕业生和归国留学生，特别是 1963 年和 1964 年，分配的大中专学生 1600 多人，核武器研究队伍进一步加强，各类技术专业干部逐步配齐，建立起一支能打硬仗，勇攀高峰的科研队伍。一批德才兼备的部队转业干部，被充实到党、政、后勤部门。全国抽调的优秀工人和部队转业的五好战士，送到沈阳、哈尔滨的国防工厂，进行专业技术培训后也回到青海。核武器研制基地形成了科技人员，生产工人，党、政、后勤人员三位一体的团队，千军万马汇集草原，开始了原子弹攻关的最后决战，职工们深深体会到能为实现中央的核战略决策献身的自豪，使命崇高，责任重大，无上光荣，决心早日造出“争气弹”，圆中国人的梦想。

在严峻的国际形势下，国内外敌对势力，曾策划运用卫星和间谍飞机深入到兰州附近刺探中国核设施，甚至扬言要摧毁中国的核武器研制基地。1963 年 7 月，苏、美、英三国在莫斯科签订了一个禁止大气层核试验条约，企图阻止我国进行核试验。在 221 基地，工程兵部队建造了多处地下掩体和地下指挥所，其中地下指挥所能应付 1000 磅炸弹的袭击。保卫部三科负责管理进入大门的钥匙，必要时还在厂办公楼和招待所一楼值班室值班。在厂区挖防空洞、交通壕，第一颗原子弹、氢弹爆炸前我们还曾进行过防空演习（20 世纪 70 年代中后期，银行、邮电局交由省业务部门管理）。

原子弹的研制事关国家最高安全利益，有关原子弹的一切工作，都是在极其秘密状态下进行的。为此做好基地的保卫保密工作，是一项重要的政治任务。做到人人重视，处处重视，时时重视。职工进厂要进行严格的保密教育，健全的保密规定张贴在办公室。重点车间、研究室建立有保密包制度，每天上班前，到车间（设计或研究室）保密室领取自己的保密包，将一天的科研、生产活动记录在保密本上，科研总结撰写在科研报告纸上，下班时交回保密包，每月最后一个星期六下班前召开小组会，进行保密对照检查和保密包清理。当时各技术小组之间是不发生横向联系的，有关问题的协调，通过车间沟通解决。为加强基地的保卫、保密工作，青海独立师六团（后改为省武警总队四支队），负责基地车间、工号、实验室、哨所警卫和禁区的骑兵巡逻。兰州部队高炮十三师（后改为兰空导弹团）驻守基地和周边，负责空中警戒。基地内部保卫、警戒工作极为严格，各要害车间、工号、实验室，均有持枪战士站岗值勤，工作人员持盖有车间、工号字样的通行证才能进入。每逢产品装配时，保卫部人员到现场，与值勤战士共同保护现场安全。后经国务院批准，成立了“青海省人民政府矿区办事处”，建立了公、检、法、司、民政、粮食、商业、文教、卫生、邮电、银行等部门，建成了以核武器研制、设计、实验和主生产、辅助生产、生活服务的科研政、企合一事业联合体，创建了我国第一个核武器研制基地，形成了高层次生产力要素组合。加之，221 基地实行特殊商品供应，保证了从事有毒、有害作业人员的保健食品供应，节日为职工提供凭票供应的黄花鱼、粉丝、木耳、烟酒等。基地建成了较为封闭的原子城。当时的工作效率和成果效益都是比较高的，充分体现了社会主义能集中力量办大事的政治优越性。

6. 精益求精

原子弹是利用铀或钚等易裂变重原子核裂变反应，瞬时释放巨大能量的核武器。它是通过爆轰、压缩、超临界、中子点火、爆炸产生冲击波、光辐射、早期核辐射、放射性污染和电磁波对人员和目标进行杀伤和破坏。原子弹的研制工作，是一项综合性很强的宏大科学研究工程，融科研、设计、制造、建设、生产为一体的高科技工业体系，而最重要的是核武器的理论设计和核材料的生产。核材料的生产从铀矿地质勘探，矿石开采，到提纯为 60% ~ 90% 的化学浓缩物（重铀酸铵或重铀酸钠，俗称黄饼，）经过二氧化铀、四氟化铀、六氟化铀到浓缩铀–235 多道工艺流程，以及后来的钚–239 和氘化锂等热核材料。

核武器研究刚刚开始时，核材料的研究还是一片空白。副所长朱光亚认识到核材料的重要性，首先抓队伍的建设，组建了北京九所第四研究室（102 车间前身，1965 年 4 月，技术二处 107 实验室、203 车间 XXXXX 装配，合并到 102 车间），负责第一颗原子弹从中心到惰层各部件制造工艺的研究。朱光亚经常来到这个室，就关键问题及时作出决策和指导。从 1960 年 10 月起与酒泉原子能联合企业的同志一道，对铀材料的精炼、铸造、压力加工做了大量研究，取得了许多有价值的工艺参数，基本掌握了它的特性，培养了一批技术骨干力量，为核材料研究奠定了基础。 1963 年初，我调到 102 车间筹备组，将要接触核材料。当时在 221 基地，对核材料了解的人甚少，有人说：从事核材料会造成终生不育……当时基地图书资料很少，我便找到主管技术的宋光洲副厂长，他像拉家常似的对我说："放射线在我们日常生活中到处可见，如；宇宙射线，岩石，X 光透视……但放射线又是可以防护的，控制在一定剂量范围，不会对身体造成伤害，更不会造成终生不育。接触放射性材料和原子弹爆炸产生的核辐射污染，是两个不同的概念，不能混为一谈。"听完老专家的介绍，我心里有了底，轻松地来到筹备组。筹备组有从北京九所四室来的老洪、老张、老查和 1963 年毕业的小沈。我们挤在三分厂办公楼一层东头，规划中的计量室，消化进口设备的图纸和资料。老洪主管热核材料产品成型等生产的筹备，其他人筹建裂变材料的加工和装配。调干生老张、老查，大学毕业后，曾在机床研究所、机床厂工作，后调入北京九所四室从事核材料的工艺研究。老张耿直、率真，有个性，直言不讳，从不违心说话。老张也有较真儿的时候，是一碰就炸的火药脾气。他办事利索，是不达目的决不罢休的人。老查乐观、敦厚、稳健，言谈幽默，谈起问题，清晰简洁，遇到困难总是乐观面对，从不退缩。二人都有扎实的专业知识和丰富经验，是我们的好组长。

1964 年初，我们迁入一厂区第一生产部 102 车间，成天围在进口设备上用代用材料模拟加工，探索最佳工艺参数和精度控制方法。北京九所四室大批科研生产人员、仪器设备进入车间，具备了试生产条件。热电厂为保证科研生产安全，除大电厂运行外，还启动了列车发电机组，作为备用电源（后来大电厂与西宁市电力联网后，撤走了列车发电机组）。国防尖端研究无小事，核材料的生产稍有不慎，几十万元甚至上百万元的产品部件就报废了。第一生产部副主任兼 102 车间主任何文钊提出："特材车间、工号和实验室，实行文明生产，要像医院手术室那样整洁、卫生，严格保证产品质量。""不要带问题进工号、实验室。每加工一刀，每测试一个数据都要对人民负责。"试制生产前，理论部、设计部技术人员来到车间进行技术交底，而后召开车间、班组会提出具体的质量、安全目标，把要求和困难交代给大家，使员工明白，该做什么，如何做，注意什么。这样，职工耳聪目明、心神敏锐，就能排除周围干扰，全神贯注思考和把握各项操作。在生产、实验过程中，领导身体力行，以身作则，既是指挥员又是战斗员。在会战攻关的日日夜夜，学习气氛十分浓厚，我们在干中学，学中干。白天全身心地投入方案研究讨论和生产实验，晚上实验室、办公室灯火通明，大家集中精力钻研业务和资料，每天工作到深夜 10 点以后才离开车间步行回到总厂生活区。102 车间承担了第一颗原子弹内球组合件等的试制和装配。其中铀 –235 部件由酒泉原子能联合企业制造，九所四室部分同志参加了这项工作，并进行验收。中子点火是原子弹能否起爆的关键技术之一，为解决制备内爆中子源的相关技术难题，委托中科院原子能研究所（现中国原子能科学研究院）王方定小组进行了研制，北京九所四室同志参加了工作。在多路探索中，他们因陋就简，自己动手建起工棚作为实验室，用别人废弃的手套箱，经过几个月的日夜奋战，进行了 200 多次化学试验，1963 年终于成功研制出第一颗原子弹爆炸试验所需的中子源材料，并由 102 车间的同志护送到 221 基地，在 102 车间八组孔技术员、刘师傅等精心操作下，生产出点火中子源部件。铀 –235 的提取是一项极为复杂的高科技综合工程，1964 年 1 月 14 日，兰州铀浓缩厂分离出富集度高达武器级六氟化铀材料，为我国第一颗原子弹的诞生提供了极为珍贵的装料。5 月 1 日，酒泉原子能联合企业从浓缩的六氟化铀，经多道工序还原成金属铀，精炼、铸造、生产出第一套合格的铀 –235 部件，北京九所四室部分同志参加了这项工作，并进行产品验收。从而完成了从铀矿石勘探、开采到最终生产出原子弹的核心部件，实现了原子弹核心技术的突破，为成功爆炸我国第一颗原子弹提供了可靠保证。飞层组件结构比较复杂，尺寸精度、光洁度要求高，包头核燃料元件厂提供了铀 –238 半成品部件，在车间副主任刘成发工程师带领下，一大组的工人和一工艺组的技术人员分成加工小组（小型设备 2 人，大型设备 3 人以上），从里到外穿戴好劳保用品，在机长统一指挥下，每班 6 小时工作。铀材料在加工中，切屑极易燃烧（国外铀在加工中切屑燃烧也是一个大问题），必须在强冷却条件下进行。工号和机床旁的强力通排风系统发出震耳的隆隆响声，特别是在氧气比内地少 1/3 的海拔 3200 多米的高原进行操作，保证产品质量确实不容易。我们就在这样困难的条件下，严肃认真，精益求精，群策群力克服了零件吊装、装夹、薄壳件变形以及测量上的技术难点，犹如在精工雕刻一件艺术品，有条不紊地进行。每测量一个数据，工人、检验员、跟班技术人员进行复核无误后，方可转入下一工步。若测量出现差异一定要找出原因后，方可继续进行操作。最后一刀精加工，需经车间领导同意，并在现场共同完成。孜孜不倦的学习，脚踏实地的苦干，团结拼搏的精神，带来了科研工作的创新和突破。

7. 铀屑燃烧

正当核材料部件试制紧张进行时，6 月 13 日下午 5 时许，24 号大厅外的北边装卸厅，铀切屑在倒桶过程中，相互摩擦，产生火花引燃切屑。当时 24 号加工大厅，仅剩下我们一个机组人员，擦拭完设备正准备下班。当听到“失火啦！失火啦！”的呼叫声时，我们急忙奔向大厅北门，拉开大门。熊熊燃烧的大火，窜出两米多高，把整个大门紧紧封死。我们急速绕到四号大厅，打破消防窗玻璃，爬了出去赶到现场救火。火场已经聚集了二十多人，正在用滑石粉等扑救，火势得到控制，院、部、车间领导和消防车也赶到现场，用沙石很快将大火扑灭，大火烧掉了约 60 公斤铀切屑。领导们仔细察看了现场，要求参加救火的人员前往医院工卫科住院检查，并组织人员进行工号设备的去污清理，确保第一颗原子弹研制任务按时完成。经过短暂休整后，房建处的工人负责墙壁的铲除去污清理，其他任务由一大组和一工艺组完成。车间通风管道的清理，放射性剂量大，厂房钢梁去污又不安全，但大家热情很高，争先恐后投入清理工作。有的登上梯子卸下管道，有的钻进管道内，一段一段地去污清理。有的系上安全带登上房梁，一步一步擦拭，直到剂量人员检查合格为止。同时车间也成立了安全组，对铀屑燃烧机理、贮存方法进行了探索。通过反复实验研究，探索出一套既经济又安全的贮存方法，取代了原苏联提供的方法。经过一个月奋战，车间又恢复了往日的生机。为牢记这次教训，车间决定每年6月13日为车间安全日。三大组的同志们于1964年5月对4号（石腊—碳化硼产品、非放射性材料），借用三分厂301铸造车间，铸造成毛坯。委托512车间加工成产品。在102车间一楼一间腾空的办公室里铺上棉毯，邹、王二位老师傅，紧张地工作了一周，精心刮研装配出合格的内组件产品，至此，车间全面完成了核材料产品试制和装配任务。在会战的日子里，理论部、设计部的技术人员，深入102车间进行技术交底，跟班作业。王淦昌、郭永怀、朱光亚、陈能宽、龙文光、张兴钤等科学家，经常来到车间看望技术人员和工人，现场指导工作，遇到疑难问题，就在车间调度室听取汇报，你一言，我一语，平等、融洽地讨论，直到最后拍板，经常工作到深夜才离去。他们那种一心扑在事业上，勇于走前人未走过的路的精神，深入实际，平易近人，学术民主，求真、求精、严谨的工作作风，给青年人树立了榜样。

8. 出中子试验

在王淦昌、朱光亚、陈能宽等科学家的亲切关怀和指导下，第二生产部副主任孙维昌精心组织，亲自参与201车间炸药部件的研制，用四台带有蒸汽夹层的球形底不锈钢药炉，把材料用木棒搅拌熔化后，制成悬浮体进行浇注。1964年3月28日，通过了全尺寸主药球的成型工艺定型。202车间工人师傅一丝不苟，远距离电视精心操作，生产出合格的炸药部件。在郭永怀副所长和设计部龙文光副主任指导下，结合理论设计和爆轰试验，开展了原子弹总体结构设计和力学、环境条件适应性试验，他们乘坐解放牌卡车，自带干粮，到四厂区进行力学、环境试验。当时设计部的办公楼还未交工，他们在未通暖气的单身宿舍内，为地面核试验设计了引爆控制系统。步行到所属的一厂区 103 车间，完成了引爆控制系统的试制。他们在艰苦条件下，提前完成了原子弹总体结构设计、力学、环境试验和引爆控制系统设计和试制任务。三机部所属的西安和沈阳两家航空发动机厂，组织技术人员和工人师傅，破解了一道道技术难关，提前完成了原子弹精密金属部件的制造任务。1963 年 11 月 20 日，进行了同步聚焦爆轰点火装置的冷试验取得试验成功。爆轰波图像表明，中子点火装置产生了理想的中子。决定进行缩小比例 1∶2 聚合爆轰出中子试验。爆轰试验取得成功，它标志：向心爆轰波和点火装置均达到技术指标，原子弹研究有了新的突破。

6 月 6 日在六厂区 610 工号，进行了全尺寸爆轰模拟出中子试验。本次试验除铀–235 用代用品外，全部为真品，是对原子弹理论、结构设计、加工制造、测试手段及试验队伍的全面考验。试验取得圆满成功。它凝聚着核科技人员几年的心血和汗水，为我国第一颗原子弹爆炸成功奠定了基础。中央专委发来贺电，张爱萍同志还在现场赋诗一首，赠朱光亚及九院同志：

贺第一颗原子弹冷试验成功

祁连雪峰矗入云，
草原儿女多奇志，
修道炼丹沥肝胆，
应时而出惊世闻。

经过三个月设备系统调试和人员培训，1964 年 8 月在 221 七厂 701 大厅开始了第一次临界实验，这也是我国第一次进行快中子临界实验，李觉等院领导和各部门的领导亲临现场。随着两个半球（U–235）的接近，中子增殖也增加，计数器的计数加快，领导和全体参试人员的心都悬了起来。但从装配曲线的判断，实验进行得十分顺利。下旬完成了数据处理。一个月完成了产品出场前的物理参数测定和产品装配过程中的次临界安全检验任务。为研制原子弹取得宝贵的临界次临界数据，保证了核装置装配运输贮存等过程的次临界安全。

9. 第九作业队

院广大科技人员、工人、干部以高昂的政治热情，科学、严谨、求实的工作作风，严格执行不带问题出厂、不带问题试验的要求。在第二生产部蔡抱真副主任、203 车间吴永文主任的带领下，吕技术员和曹师傅等在 207 和 215 工号，圆满地完成了原子弹投篮总装和设计部科研人员完成了无线电引控系统的联试。一个个安全、稳定、可靠、保响的原子弹装置的预演产品、备品、正式产品在总装联试后，分解装箱整装待发。"596"会战，宋任穷、刘杰、李觉、吴际霖、郭英会等领导，为科学家报效祖国提供了展示才华和智慧的舞台。参加会战的科学家和工程技术人员为我国核武器事业的发展，呕心沥血、奋斗奉献、无怨无悔，作出了卓越贡献。各级领导勤奋学习，勇于实践，不断总结提高，成为某行业方面的专家，成为善于听取各方面意见，能对利弊进行科学权衡的优秀指挥员。

核试验前，院派出了 222 人的试验工作队伍——第九作业队，下属七个工作分队，一个现场技术领导小组。在李觉、吴际霖、朱光亚、彭桓武等的带领下，596 训练产品于 8 月 5 日首次试验装置 596-1，596-2（备品），于 9 月 26 日从 221 基地起运。根据周总理指示，产品火车专列定为一级专列。在运输途中，采取了严密的安全保卫和保密措施，核弹头专列沿途和到站后的警卫，都按国家最高元首级警卫。专列所经沿线，都由公安干警警戒；到了两省交界处，由两省公安厅长押运过境，并办理交接手续；铁路沿线检车用的铁锤，一律换成铜锤，以免产生火花；机车所用的煤都用筛子筛过，防止混入雷管之类爆炸物；专列经过时，横跨铁路上的高压线暂停供电。产品安全运抵乌鲁木齐车站，并连夜运至乌鲁木齐机场，由改装的伊尔-12飞机运抵开屏，通过直升机送到靶心——701铁塔下。铀-235部件和中子源专列到达西宁后，用经保温改装后的伊尔-14经兰州、酒泉飞到开屏，在铁塔下的半地下装配车间进行总装，最后用卷扬机吊至102米高的铁塔上。核装置放在铁塔14层的活动盖板上（距地面100米）。整个过程中作业队的同志们遵照周总理的要求，严肃认真，精益求精，一丝不苟，万无一失地工作。8月31日进行的综合预演，表明核装置和引控系统经长途运输和总装后，质量均符合设计要求。

1964年10月16日下午3：00，我国第一颗原子弹装置爆炸成功。身穿浅灰色工作服的第九作业队的同志们，欢呼、跳跃着抒发出炎黄子孙扬眉吐气的民族豪情。那滚滚向上的蘑菇云，象征着中华民族的脊梁挺立得更坚强，它将激励着一代又一代中国人奋勇前进。试验的成功是中国人民加强国防，保卫祖国的重大成就，震撼了全世界，谱写了中国核工业发展历史的新篇章。我国政府郑重地声明，不首先使用核武器，不对无核国家使用核武器。这是一个自立于世界的民族发出的庄严承诺，是一个爱好和平、富强、繁荣和负责任的国家的庄重的宣言。具有讽刺意义的是，曾经嘲笑中国“20年都造不出原子弹”，“到头来连裤子都穿不上”的赫鲁晓夫，就在头一天灰溜溜地下了台。

10. 分享喜悦

在举国欢庆的日子里，周恩来总理、聂荣臻副总理在北京接见了全体有功人员。而在221研究设计分院，一切是那样安谧、宁静，没有号外，没有庆功会。221人高度的使命感和奉献精神，低调不张扬的个性再一次得到体现。他们沉浸在工作里，把成功的喜悦深深埋在心里，化作攻克下一个目标的动力。爆炸成功后，基地不少单位和职工，并不知道原子弹装置是从这里研制、总装出厂的。中央派来了核武器试验基地的“春雷文工团”，给文化生活匮乏的基地带来了喜庆和欢乐。文工团与221人共同分享成功的喜悦，每天两场节目，话剧和歌舞轮换演出，持续了一个多星期。文工团的成员深入基层体验生活，创作了一批反映221基地独立自主、自力更生、攻克难关的歌舞节目。当职工看到反映自己科研、生产、生活的节目搬上舞台时，感到格外亲切。

四　氢弹计划

1. 氢弹也要快

第一颗原子弹爆炸成功后的第十七天，周恩来总理在听取张爱萍、刘西尧关于第一次核试验情况的汇报时，明确指出：“我们明年要试验核航弹，后年要与导弹结合试验，1967 年要搞氢弹。”这就是周总理关于我国核武器研制“三级跳”的设想。1965 年 1 月，毛泽东主席提出：“原子弹要有，氢弹也要快。”

氢弹是利用原子弹爆炸的能量，点燃氘、氚等轻核的自持聚变反应，能在瞬时释放巨大能量的核武器。原子弹的威力通常只有几百到几万吨梯恩梯当量，而氢弹的威力可大至几千万吨梯恩梯当量。氢弹与原子弹相比，是一个阶段性飞跃。氢弹的三要素——原理、材料、结构要比原子弹复杂得多，在时间上还面临与法国的竞争。原子弹爆炸成功，使我国的核武器研制、试验、生产等有了一定基础，特别是有了一支热爱事业、无私奉献、技术精湛的职工队伍，热核材料工业也初步建立起来，为氢弹突破创造了有利条件。我国的氢弹技术，完全是靠中国人自己的聪明才智，在艰苦探索中完成的。

2. 理论突破

要研制出氢弹，首先要从理论上突破。早在 1960 年 12 月，当时九院正忙于第一颗原子弹攻关，二机部作出部署，要求中国科学院原子能研究所在氢弹原理探索方面先行一步。在钱三强所长的直接领导下，成立了以黄祖洽、于敏为正、副组长的“轻核反应装置理论探索组”（简称“轻核理论组”），秘密地开始了热核材料性能和热核反应机理的研究。

在原子能研究所的四年时间里，于敏、何祚庥等同志以《矛盾论》中所说的“外因是变化的条件，内因是变化的根据，外因通过内因而起作用”作为指导思想，将热核点火和燃烧作为氢弹爆炸的内因，将辐射流体力学创造的条件作为外因，反复研究外因与内因的辩证关系，进而研究了高温、高密度等离子体状态下的许多基本物理现象和规律。对氢弹的原理作了一些初步探索，为突破和研制氢弹奠定了一些必不可少的应用基础。正当原子能研究所“轻核理论组”正在探索氢弹的可能结构以及作用机理的时候，北京九所理论部在完成第一颗原子弹理论设计后，抽出部分研究力量从 1963 年 9 月起，在理论部邓稼先主任和周光召副主任领导下，并由副所长、理论物理学家彭桓武亲自指导，带领年轻科技人员开始了氢弹原理的探索。

1965 年 1 月，黄祖洽、于敏等原子能研究所“轻核理论组”的 31 位科研人员携带着研究的成果和资料，调入九院理论部，与主战场汇合，一同攻关。黄祖洽、于敏任理论部副主任，从此打响了氢弹理论研究的攻坚战。为了突破氢弹原理，实现“1100”目标（重量 1 吨，威力 100 万吨级梯恩梯当量）。理论部开展分兵作战，多路探索，从中寻找最佳理论方案。在几个月的探索中，重点研究了突破氢弹的两条可能途径。但两条技术途径都有困难。其中一条途径是加强型模型，计算表明这种模型，威力提高，重量相应增加。由于热核材料得不到充分燃烧，在总威力中，聚变威力所占的份额不能随威力增加而增加，热核材料的加强作用有限，距实现“1100”目标相差甚远。部、所领导与理论部科研人员在总结前一段工作后，决定分两步走，第一步在继续探索氢弹原理的同时，先做几次“热”试验。争取1966年进行含热核材料的原子弹空爆试验，为氢弹提供热核聚变反应的实测数据。而后，拟在1967年进行三相核航弹（裂变—聚变—裂变）试验（1967年1月撤销三相氢航弹研制任务，改为后来试验成功的新氢弹原理设计）。第二步完成与导弹结合的“1100”（1吨重，爆炸威力100万吨TNT当量）氢弹理论设计。为尽快完成“1100”核航弹的理论设计方案，理论部主任会议决定，理论部的大部分科研人员在北京利用中国科学院计算技术研究所研制的119计算机继续探索突破氢弹的途径，理论部13室孙和生主任带领50多人，出差到上海中科院华东计算技术研究所，利用一台J-501计算机，进行三相氢航弹的优化设计。从大量的数值模拟计算结果看，这批模型的聚变份额都很低，表明热核材料并没有充分燃烧。于敏明确指出加强型核装置的构形不利于热核材料的压缩和燃烧。他想出一个减少能量损失，提高利用率的结构，从计算的多个模型中选用三个用不同核材料，验证原子能压缩是否能使聚变材料自持燃烧。通过改变计算模型的外界条件办法，模拟原子弹能量通过某种机制瞬间作用在聚变材料氘化锂-6及其他材料的氢弹主体上来。计算取得完美结果。只要能驾驭原子弹能量就能设计出百万吨级梯恩梯当量的氢弹来。又做了许多工作，归纳整理出较为完整的氢弹理论方案，这个方案是：氢弹是将热核材料加热到高温，压缩到高密度。达到自持聚变反应，瞬时释放出巨大的能量。创造这种自持聚变反应，只能由原子弹来实现。一个新的氢弹理论方案诞生了。这一关键技术的突破，无不渗透着科技人员的艰辛和汗水，无不表现出求实创新的超人意志和不畏艰险、敢于挑战风险的崇高品质，这是集体辛劳和智慧的结晶，而于敏在氢弹原理突破中起了关键作用，作出了重大贡献。突破氢弹原理的电话打到北京后，大家的心情十分兴奋，欢欣鼓舞。邓稼先主任赶到上海，立即听取了于敏等人的汇报，并与大家一起通宵达旦地分析计算结果，他对新原理表示充分的肯定，并组织理论部的技术人员，对这个设想方案进行了反复的讨论和推敲，并提出了一些非常好的重要改进，使氢弹原理理论设想方案更臻完善。1965 年 12 月，在二二一厂，由吴际霖主持，刘西尧、李觉参加的 1966—1967 年科研生产会上，于敏详细介绍了利用原子弹作为“扳机”来引爆“被扳机”的两级氢弹原理设想方案，以及实现该方案所必须解决的关键技术与结构，提出了对爆轰实验、加工制造、核测试诊断等方面的要求。会议确认于敏等提出的利用原子弹引爆氢弹的理论方案合理、可行。1965 年 12 月二机部确定“突破氢弹，两手准备，以新的理论设想方案为主”的方针。中央专委于 1965 年年底，原则批准了 1966—1967 年核武器研制两年规划。二机部按总的计划安排，迅速开展突破氢弹原理，力争在 1966 年底进行氢弹“扳机”试验。

3. 小平视察

在氢弹理论方案取得突破时，正是“文化大革命”前夕，形势是“山雨欲来风满楼”。此时，中共中央总书记邓小平，视察了二二一厂。1966 年 3 月 30 日，银滩草原，寒风料峭。基地职工、少先队员、解放军指战员、家属列队在马路两旁，喜气洋洋地迎接小平同志的到来。下午 3 时许，一辆辆小汽车在办公楼前东头转弯处停了下来。邓小平走下汽车，站在海拔 3200 米的总部办公生活区，举目眺望着茫茫的草原和起伏的群山，兴奋不已。他告诉随行人员，这里与当年长征时走过的毛儿盖差不多。在薄一波副总理，西北局第一书记刘澜涛，国防工办主任赵尔陆，省委第一书记杨植霖，省长王昭等陪同下，与前来迎接的二机部副部长刘西尧，九院院长李觉，8122 部队司令员贾乾瑞，副院长兼二二一厂厂长吴际霖，副院长王志刚、陈能宽，院政治部副主任刘志宽一一握手。邓小平指着李觉，对薄一波和刘澜涛说：“我记得这个核武器基地的地址是他选定的呢。”李觉马上说：“是小平亲自批准建在这里的。”小平同志微微一笑，说：“这么说，建这个基地我也作出了一点贡献啊！”身穿呢子大衣，风尘仆仆、神采奕奕的邓小平面带笑容，向欢迎的群众频频挥手。他来到电影院前广场，接见了学习毛主席著作积极分子、先进标兵、驻军五好战士代表等1200人，并合影留念。然后，小平同志一行驱车来到第一生产部一厂区的模型厅，在模型厅听取了刘西尧、李觉关于基地贯彻毛主席、周总理加强氢弹研究工作指示的汇报。小平同志听后非常高兴，高度评价了我国科学家发扬学术民主、群策群力、脚踏实地、实事求是的精神，一再鼓励王淦昌等科学家，继续为发展我国的原子能工业和核武器作出新贡献。当听到搞氢弹有一定风险时，邓小平鼓励地说：“你们大胆地干，成功了是你们的，出了问题失败了，我们负责。”给予在场领导很大鼓舞。在展厅，邓小平仔细观看了产品模型，还欣然挥笔题词：“高举毛泽东同志的伟大红旗，遵照毛主席指引的方向奋勇前进——别人已经做到的事，我们要做到，别人没有做到的事，我们也一定要做到。”这充分表达了邓小平同志敢为天下先的豪情和对我国核事业发展的期望，极大地鼓舞着221基地和核工业战线广大技术人员、工人、干部不断进取，努力创新，决心赶在法国前爆炸我国第一颗氢弹。邓小平迈着稳健的步伐，来到对面的102车间。在四号大厅，一边观看热核材料成型用的手套箱、模具、压机、真空炉等设施，一边听取介绍，不时点头询问。在11号密封间，听取热核材料产品涂层介绍，观看了涂层操作演示。小平同志不时微笑点头，鼓励同志们不断完善产品涂层技术。在第二生产部203车间的215总装工号、实验部701临界安全试验大厅，他仔细、认真地观看实验装置。邓小平非常关心基地的建设和科研生产的正常运转，他伸出手指对刘西尧、李觉等在场的人们说：“不管发生什么事情，你们要抓紧生产不放手，这是根本的一条。要保证各个环节正常运转。”参观后，邓小平兴奋地说：“看到这些产品很高兴。”5时许，邓小平同志在职工热烈的欢送中，离开了二二一厂。党和国家领导人的视察和邓小平同志的题词，为我国核工业战线和九院广大职工突破氢弹技术注入了强大动力。

4. 技术突破

氢弹决定以新理论方案为主后，九院组织全院的理论、实验、设计、测试、制造等方面力量，加速试验研究。为实现新的氢弹理论方案，决定进行三次核试验：第一次探索热核材料性能，验证热核材料性能的理论计算是否与试验结果相符。第二次验证是否真正掌握了氢弹原理。第三次进行全当量爆炸试验。

热核材料部件的试制，成为攻克氢弹关键技术之一。1964年9月，包头核燃料元件厂生产出合格的氘化锂-6等热核材料，为氢弹研制创造了物质条件。我国第一颗原子弹爆炸成功后，第一生产部102车间便着手进行热核材料部件的工艺研究。1965年2月，刘西尧副部长来到102车间检查工作时，他要求我们：立足现有条件，一年内突破热核材料产品技术关。热核材料部件的攻关是一项综合性很强的研制任务。要解决从热核材料粉末成型、机械加工和防潮涂层以及物理检验、探伤和杂质元素分析等一系列技术问题。当时，热核材料对干部和职工都是新鲜事物，一切都得从头摸起。车间学习空气蔚然成风，大家边学边干，每天晚上，车间的办公室和实验室灯火辉煌，科研技术人员一边忘我地实验，苦苦探索，一边刻苦学习，钻研仅有的一点技术文献资料。晚上10点后才离开，步行回到总厂生活区。朱光亚、陈能宽、龙文光、张兴钤等科学家，经常深入102车间各工号和实验室，在一些关键技术上进行方向性决策和业务指导。质谱仪是热核材料同位素丰度分析的重要仪器，当时国内还没有生产，又不能从国外引进，通过调研和可行性分析，二机部决定委托北京气体分析仪器厂承担仪器的研制任务。他们闯过道道难关，很快研制出我国第一台质谱仪，用于科研生产。物性、化学、探伤、质谱等理化分析组，通过不断实验研究，建立起科学的检测程序和方法，积极配合热核材料的成型和加工，样品随到随时检验和分析，确保科研试制的顺利进行。在热核材料成型实验研究方面，第三大组在车间副主任宋家树和武胜等领导下，为了争取时间，以科学求实的态度，采取多路探索，坚持专家与群众相结合，干部、技术人员、工人相结合，充分发扬学术民主，博采众长，畅所欲言地对方案展开讨论，无论专家、新来大学生、工人师傅都可以上台，各抒己见，有不同的意见就展开争论，彼此从中得到启发。许多好的想法，就是在你一言我一语的讨论中产生出来的。在实验研究中，尊重科研人员的首创精神，鼓励大胆创新，宽容探索中的失败，正是这种学术上民主、宽松的氛围，使探索中的技术方案更加科学，少走不少弯路。也正是这种自由、平等、心情舒畅的讨论，使人的聪明才智激发出来，调动了职工的首创精神，形成了团结协作、集智攻关的良好风气。在用代用材料从小到大进行了数以百次的工艺试验的基础上，用包头核燃料元件厂提供的热核材料，进行部件的成型试制。经过对几种工艺方法比较，发现一种工艺方法可以获得接近理论要求的质量。院领导充分肯定这个方案作为主攻方向，他们集中力量，再接再厉，从原材料筛选、模具、烧结到冷却等过程实行严格控制，终于克服了粘模、疏松、裂纹等缺陷，实现了技术突破，生产出合格的热核材料关键部件毛坯，从而建立起一整套完备的不同热核材料产品的工艺方案。在一工艺组技术人员指导下，姜、李等师傅因陋就简，严格控制手套箱内气氛，经过大量的试验和反复探索，终于形成了一套成熟的加工工艺，1966 年 1 月加工出合格的热核材料部件。涂层组在王铸副主任领导下，通过大量调查研究，反复实验比较，终于在较短时间内，研制出简单易行的保护涂层，成功地应用于生产，受到全国第一次科学大会的表彰。大型异形裂变材料产品的加工，由于时间紧迫，我和小王技术员与谢师傅等密切合作，一同设计、安装调试出单边靠模机械仿形系统用于生产。在试制过程中，生产的铀部件与炸药部件在预装中产生干涉，技术检查处沈光基副处长和我们在现场共同研究改进对刀和测量方法，通过不断地摸索改进，终于生产出合格产品，保证了产品总装要求。中子源小组在孔组长带领下，克服加工、制料、装料、检测等困难，经刘师傅等精心操作，生产出合格的中子源产品。内组件与氢弹放能部分装配精度要求高，一工艺组技术人员与装配组邹师傅等在一起研究，反复实验，终于实现技术上的突破，装配出合格产品，娃娃泥、透明胶带和环氧胶也成为产品装配中的三件宝。102 车间在不到一年的时间里攻克了热核材料粉末成型、机械加工、防潮涂层三个难关，拿出了合格的热核材料部件。

突破氢弹技术的日日夜夜，不论哪个科研环节遇到难题，实行专家与群众相结合，干部、技术人员、工人三结合，把大家的智慧凝聚在一起，充分调动职工的创造性，闯过了一道又一道技术难关。“文革”前的几年，在 221 基地，可以说是干得最欢，最起劲，最舒畅，最值得回味的几年。102 车间就是这样一个充满活力，朝气蓬勃，勇于创新、特别能战斗的团队。九院职工多达 18000 多人时，102 车间有近 360 人，其中一半以上是年轻的科研技术人员。以李满为书记的第一届党支部和其后的党组织，以科研任务为中心，把思想政治工作落实到科研生产任务中，融化在科研创新的全过程，充分发挥党员的模范带头作用和团员的青年突击作用，为科研任务和其他任务完成提供了坚强保证。新涂层研制、脱模剂开发和应用、热核材料热处理的压力、温度远距离集中检测和自动控制系统使用以及后来的液压仿型系统的研制、大型数控机床的试制和应用、真空电子束焊接、高灵敏中子探测装置的应用等项科学研究，在技术创新、完成试制任务方面都走在前列。党支部还结合青年人特点，开展革命传统教育，请老革命讲革命史，将老工人、老技术人员的家史绘成画图，挂在车间进行展览。节假日开展青年拾废钢铁的义务劳动，青年们还主动捐书在单身宿舍建立红色阅览室，建立每日新闻黑板快报，创建青年监督岗，对车间出现的不良现象提出警示。党支部把思想教育融合到青年喜闻乐见的文体活动中，排演支持非洲人民反对殖民主义斗争的活报剧，在基地演出。男子篮球和排球在基地比赛中名列前茅。这些活动陶冶了革命情操，培养了团队精神，保证了国家各次实验任务的完成。车间先后获总厂“工业学大庆先进集体”，团支部获省“五好团支部”，“青年开拓突击队”称号。由于在热核材料研制上的创新和特殊贡献，从车间调往中国工程物理研究院科研人员中有两人荣获院士称号。

5. 三次试验

1966 年 5 月 9 日，我国第一次含有热核材料的加强原子弹试验成功，为氢弹理论设计获取了重要依据。在试验中首次使用了“内活性指示剂”方法，测量出 XX 兆电子伏中子数，为热核材料聚变产生的当量提供了数据，加深了对热核聚变规律的认识。同年 12 月 28 日，氢弹试验装置在百米高塔成功爆炸，试验取得的关键测试数据与理论部预估值相符。新的先进的氢弹原理方案试验获得成功，表明突破氢弹的技术途径是正确的，设计方案是可行的，氢弹研制中的关键科学技术已经解决，证明我国已经掌握了氢弹原理。1967 年 2 月 12—17 日在九院二二一厂召开的氢弹空爆试验科研生产会议上，确定 7 月 1 日前进行氢弹空爆试验，赶在法国前面。这时，“文化大革命”夺权风暴席卷全国。2 月 23 日，西宁市发生大规模武斗，设在西宁市的二二一厂技工学校少数学生卷入了这场武斗，加剧了基地两派群众的对立。科研生产会议进行到第二天，中央军委副主席聂荣臻派专机到西宁，把参加会议的人员接到北京京西宾馆。会议改由以国防科委、国防工办的名义召开。3 月 4 日，周总理、聂副总理在中南海接见了二二一厂两派群众组织的代表，会上，聂帅说：二二一厂是我们国家极为重要的工厂，担负着国家十分重要的研究设计任务。最近的事态发展，使正常的科研、生产秩序受到影响，工厂的安全受到威胁。国务院、中央军委对此十分关切。经周总理批准，我宣布，国务院、中央军委决定对二二一厂实行军事管制。贾乾瑞同志任二二一厂军事管制小组组长。周总理在讲话中语重心长地指出，革命群众之间对某些问题有不同意见的争论，这是不可避免的，是正常的。这是人民内部矛盾，一定要采取“团结—批评—团结”的方式，做好团结工作，实现革命的大联合。他希望厂内广大群众、革命干部，在军管小组的领导下，坚决贯彻“抓革命、促生产”的方针，搞好本厂的“文化大革命”运动和当前十分重要的研究设计与试验任务，以及其他各项工作。二二一厂实行军管后，两派群众的对立情绪有所缓和，广大科技人员、干部、工人，在军管小组领导下，逐步恢复了正常的科研生产秩序，大多数职工积极投入到氢弹的研制试验工作中。九院理论部广大科研人员昼夜加班，突击研究、设计与计算、分析，2 月基本完成了氢弹的理论设计。设计部的技术人员，由于时间紧迫，采取边设计、边加工、边实验的办法开展工作，缩短了工期，争取了时间。在设计中技术人员从工艺角度考虑，提出加大热核材料和铀材料尺寸的重要改进意见。经理论部科研人员计算论证，改进后的结构设计其爆炸威力有较大提高。1967 年 4 月，一生产部 101 车间研制成功第一套 XX 元件。为集中精力确保氢弹的加工质量、安全，保证试验成功，5 月 29 日，毛主席批准二二一厂暂停“四大”

（大鸣、大放、大辩论、大字报）。职工们发扬自力更生、艰苦奋斗的优良传统，经过日夜奋战，6月5日，二二一厂承担的氢弹设计、生产、环境试验以及核测、总装、联试工作全面完成。6月8日，运抵试验基地。聂副总理受周总理委托，亲赴试验场领导这次试验。6月17日8时，由徐克江机组驾驶的轰–6甲飞机，飞临靶区上空投弹时，由于驾驶员心情过度紧张，投弹时漏掉一个操作动作，忘记按自动投掷器，氢弹未投下。聂帅听到报告后当即答复："可以！"空军地面指挥员发出口令："重飞！要沉着，不要紧张！"飞机盘旋一周，20分钟后，飞机再次飞到靶心上空，准确打开弹舱抛出弹体，降落伞拽着弹体在碧蓝的天空滑翔，霎时间一道强烈的闪光、一个硕大的火球，伴着惊雷般的巨响生成一组蘑菇状烟云，吸着巨大的沙尘柱腾空升起。一颗330万吨梯恩梯当量的氢弹，在靶心地面预定高度2960米的高度爆炸成功。这次试验比原计划提前了一年，赶在法国前面，使我国成为第四个掌握氢弹技术的国家。

1958年毛主席曾预言："搞一点原子弹、氢弹、洲际导弹，我看有十年功夫完全可能。"从1954年发现第一块铀矿石标本，到第一颗原子弹爆炸成功，恰恰用了十年功夫，从1958年毛主席预言，到氢弹空投爆炸成功，只用了九年。我国第一颗试验的氢弹，体积小，比威力（单位重量的爆炸威力）、聚变比（聚变反应的能量在整个核反应中所占的份额）也较高。而1952年，美国爆炸的第一个氢弹装置，重65吨，有三层楼高；苏联1953年空爆的第一颗氢弹，爆炸威力只有40万吨梯恩梯当量。而我国原子弹、氢弹的突破实现了里程碑式的重大跨越，取得了举世瞩目的辉煌成就，在共和国的发展史上写下光彩夺目的篇章。它是一部自力更生、艰苦奋斗、自主创新、科学发展的奋斗史，是一部让中华民族精神昂扬绽放的英雄史诗。从核工业的建立，党中央就高度重视，站在战略制高点上进行决策。全国大开绿灯，大力协同联合攻关，使核工业真正成为人民的事业，民族的事业。原子弹、氢弹爆炸成功，凝聚着党中央的决心和智慧，凝聚着我国各族人民的心血和希望，凝聚着成千上万人的聪明才智和辛勤劳动，也凝聚着核工业战线三十万职工的创造和奉献。辉煌的业绩属于党，属于人民，属于在这条战线上埋头苦干，诚实劳动的英雄们，他们的业绩将永远载入共和国的史册。

五　初始武器化

1. 核航弹

第一颗原子弹试验成功后，九院全面规划了核武器的下一步发展，提出一方面加快原子弹的武器化，另一方面突破氢弹技术。中央专委原则上同意这个规划。由于我国第一颗原子弹研制工作从一开始，就力求建立在较高的技术水平上并注意武器化的问题，因此，武器化的进程比较快。

我国核武器化是从核航弹开始的。核航弹是由飞机携带投掷的核武器，它由核装置、引控系统和航弹壳组成，与携带的飞机构成完整的武器系统。早在 1963 年，在空军、酒泉卫星发射基地的配合下，进行了弹体结构、弹道、引爆控制系统、遥测系统、地面测试设备相结合的飞行试验，取得预期的效果。为适应航弹要求，核装置结构进行了改进，采取独特的支撑结构，以满足物理和工程的要求。核装置引爆系统、遥测系统作了大量的改进、试制、试验考核工作。

一次，车间承担了一种新型材料产品的加工任务，此材料的粉尘毒性较大，王淦昌副院长专门来到 102 车间加工工号，让我们启动机床的通排风系统，察看通排风情况。王老拿着一张纸在不同距离，检验局部通排风效果，试验完后满怀深情地对我们说：“通排风风压和风量还不够，需马上改换局部通排系统。”说完后，来到办公室拨通了器材处处长电话，在说明情况后，查询到有风压、风量大的风机，要求尽快送一台到 102 车间来。设备很快送到车间，安装后通排风效果有了较大改善。由于产品毛坯加工余量大、内部缩孔等质量问题多成品率低，通排风条件的改善，大大地改善了工人劳动防护条件。当王老再次来到工号察看新材料产品加工时，工人师傅望着王老露出了感激的笑容。

为争取时间，弹头引控系统组件电源、保险、引信和起爆装置部分组件由九院设计部与四机部所属厂协作完成。1965 年 5 月 14 日，在新疆核试验基地上空，一架轰 –6 飞机投下一颗原子弹，核航弹试验获得成功。中国从第一颗原子弹装置爆炸成功到实现武器化仅用了 8 个月时间。它标志着中国有了实战的核武器。

2. “两弹”结合

在我们自己的国土上进行导弹核武器的爆炸试验，这在世界史上也是罕见的。必须确保这次试验，绝对安全可靠。我国第一代“两弹”结合的产品，是中近程“东风二号”导弹核武器。1964 年 10 月中国试验成功原子弹时，美国有些人讥笑中国是“有弹无枪”。实际上 1964 年 6 月 29 日，中国自行研制的中近程地地导弹首次发射成功，其后便投入批量生产。如果研制出能与导弹结合的原子弹，便可以“两弹结合”，形成远程核打击力量。

两弹结合试验，比起核航弹，核装置和引爆控制系统，要承受加速度带来力的作用，所处的环境条件更为复杂苛刻，产品的体积要小，重量要轻。其结构强度和元器件性能质量要能满足导弹飞行环境条件，这给结构设计、加工、装配、试验带来诸多的困难。院在保证第一颗原子弹研究、设计、试制工作的前提下，组织力量积极开展小当量核弹头的研制工作。理论部在邓稼先等人的领导下，根据小当量核弹头的主要技术性能指标要求，对不同尺寸结构模型进行计算分析，选定了一个比较好的理论方案。设计部的工程技术人员，选取了独特的支撑结构等多项技术措施，满足了导弹飞行中复杂环境要求。引爆控制系统的研制工作，在第一颗原子弹引爆控制系统的基础上，对多种引信、无线电遥测系统、天线、多级保险、自毁安全进行设计和研制。

1965 年 3 月，第一生产部 513 车间研制成功第一套 XX 支架。4 月，101 车间研制成功第一套 XX 和 XX 部件用于核装置上。至此核装置上全部金属精密零部件在 221 研究设计分院试制成功，并全部装配在核装置上。在铀材料产品上加工螺孔，常常发生刀具折断，残存的刀具又无法取出，加工只得停下来。大家十分着急，想了一些办法效果仍然不佳。在查阅有关资料中引发一种新的构想，采用新材料，新的设计思路，设计加工出新刀具，采用新的润滑液成功地用于生产，产品质量和效率大大提高，刀具也不再发生折断。残存在产品上的工具如何取出来？我们决定采用特种工艺进行实验，在器材处库房找到一台残缺的特种工艺设备，经检修、调试、反复实验掌握了有关工艺参数和方法，精心地操作，把残存工具取了出来，在场的同志脸上露出了笑容，小小设备派上了大用场。

由于铀材料比重大，体积缩小后，产品在吊装、翻转到平台上测量时很吃力。第一生产部检查科周技术员，来工号检查产品质量情况，看到吊装的产品正要翻转，连忙赶上去抱住产品翻到平台上。在测量时发现产品表面有了一个小小的压痕。一时间我们都紧张起来，惊动了各级领导，王淦昌、郭永怀、陈能宽等科学家，生产部、车间领导，设计人员、保卫人员来到现场仔细察看，研究是否影响使用。我们静静地等待，原因找到了，原来是周技术员抱着产品翻转到平台时，内穿的皮茄克拉链与产品相挤压造成的压痕。通过分析不影响爆轰性能，可以使用，我们忐忑的心才平静下来。有一次铀-235 部件在装配中达不到技术要求，根据规定应返回生产厂进行修理。但试验日期在即，院领导当场拍板，决定自己返修。马上叫来在车间外的小汽车，到总厂生活区接来了钱师傅。钱师傅是一位技术娴熟，经验丰富，工作沉稳，精益求精的老师傅，他把质量、安全看得比自己的生命还重要。经他加工的核材料产品件件是优质品，是大家信赖的好师傅。他来到车间，穿带好防护工作服，陈能宽副院长问他："有没有把握？"他自信地说："请领导放心。"经他精心修复，圆满完成了装配任务。这时草原已是深夜，我们的科学家才和大家一同离开车间。

核装置的眼睛——无线电引信机在宝鸡七八二厂的协作下完成了研制和生产。其后对核装置及引爆控制系统的一些部件、组件、整体进行了高频和低频振动、过载、离心、跌落及调温等一系列环境条件下的地面模拟试验。爆轰出中子试验和引爆控制系统飞行等试验后，决定进行安全自毁试验，确保在热试验时，万一飞行过程中出现异常现象，要及时地把原子弹和导弹自毁，使之不产生核爆炸。自毁试验结果表明，导弹飞行正常，弹头能可靠地自毁。其后又进行了两发原子弹冷试飞行试验取得成功，确保核弹头的安全可靠后，1966 年 10 月 27 日，在我国国土上首次进行"两弹结合"全射程、全威力、正常弹道、低空爆炸的热试验，取得圆满成功。1966 年 7 月 1 日创建了我国战略导弹部队——第二炮兵。这是新中国为应对核威胁、打破核垄断、维护国家安全，被迫做出的历史性选择。这是我军建设史上又一个里程碑，标志着中国人民解放军拥有了一支战略威慑的核心力量。

六　腥风血雨

1. 留下来

1965年10月，国营二二一厂四清分团及分团党委成立，刘西尧副部长任分团团长兼书记。在学习文件基础上，各级干部“下楼洗澡”，在职工代表中对照检查，听取职工意见，职工称之为“搓背”。受“极左”思潮的影响，越是接近群众的领导，工作做得越多的干部，在一次又一次的对照检查中越难以通过，职工形容基层领导“洗烫水澡”，上级领导“洗温水澡”，为“二赵”迫害领导干部，埋下了种子。1966年6月11日草原贴出了第一批大字报，同时，对基地《红原报》上一篇题为《谈革命激情》的文章，展开了大围攻，报社也被迫停刊。从此银滩平静的生活被打乱。8月，两派群众组织相继成立。1967年3月5日基地实行军管，8122部队司令员贾乾瑞兼任军管会组长。7月17日和8月4日，在三分厂和总厂办公楼发生大规模武斗。之后，军管会换了一茬又一茬。1968年1月1日国防科委接管九院。九院冠以“总字八一九部队”番号，二二一厂冠以“兰字八三九部队”番号，内部机构改为司、政、后编制。9月17日成立九院革委会，王荣任主任。11月14日两派群众组织成立了“11·14”联合总部。

当时应运动而生的“学习班”是个整人的场所，大家被逼天天读、跳忠字舞，晾晒自己的思想，就像晒谷物一样在领袖阳光下，一遍又一遍翻晒自己的灵魂，写出学习心得上交。在“文革”持续不断的荒谬中，即便是住在医院不能参加运动的病人，只要你嘴还能说、手还能动，也要每天“早请示”“晚汇报”。日复一日，我们怀着希望，无奈地等待着。我在一个月“学习班”的生活，既没有领导谈话，也没有组织结论，在无声无息中结束，接到的却是下放河南省驻马店干校劳动的通知。哪知一切准备就绪，只待一声令下就整装出发时，一天下午一阵敲门声把我叫醒，开门一看是分厂办公室的小周，他急急忙忙地说：“老王，郭副主任有事找你，车就在楼下等。”对这突如其来的通知，我真是丈二和尚摸不着头脑。一边更衣一边琢磨着，分厂革委会郭副主任主管分厂科研生产，为人耿直，是一位实干家，在职工中有较好的口碑。莫不是我的科研工作没交代清楚？我怀着忐忑心情来到郭副主任的办公室，郭副主任热情地叫我坐下，对我说；“老王，有件事找你来。”“是不是科研生产中有什么没说清楚的？”我迫不及待地问。“不是，最近有一项新的科研生产任务，时间紧，任务重，组织叫你留下来。”郭连忙说。一听留下，心里涌动着一种伤感，有一种被戏弄的感觉。在“文革”那不正常的年代，政治上的压力让人透不过气来。人们整天惶恐不安，有任务时叫你担重担，运动一来叫你当“运动员”，我脱口而出说：“行装都打好了，就不留了吧！”郭用军人语气说：“这是组织研究决定的，明天就上班参加技术交底会。”一听到组织研究决定的，一时郁闷的心情又热了起来，那是一种带酸涩的热。第二天我骑着自行车，来到一厂区 107 小楼一大组休息室。见到工人们一双双热情的眼光和满面的笑容，感受到同志情谊的温暖。生性耿直、身材魁梧的宋师傅急忙走过来说：“老王，留下来吧！咱们一块儿干。”“一块儿干”几个字，一下子拉近了双方的距离。霎时间我心情豁然开朗，忙说：“好！咱们一块儿干。”

在“文革”狂热的政治气氛中，夫妻反目，朋友出拳，即便是一起工作了好多年，平时相处得不错的朋友，但“风暴”一来时便扯起了“革命”的旗帜，顿时变得红毛绿眼，似乎不翻脸不认人，不大声呵斥就不足以表示划清界限了。而宋师傅那句很普通的实话，就显得特别珍贵和亲切。像宋师傅那样憨厚、纯朴，头脑清醒的工人、干部、技术人员确实不少。宋师傅是一位山东大汉，生得身材魁梧，圆脸宽腮，肌厚肉重，一双有神的眼睛不随风转，心直口快，敢讲实话，敢讲真话，有一种独立的个性。他曾是海军潜艇部队的鱼雷手，转业到武汉造船厂当了一名工人，后调入二二一厂从事裂变材料加工。在生产中，大家喜欢他那股实干的劲头，没有半点弯弯肠子，敢于对不良现象提出批评，曾对多项工艺装备提出改进意见，特别在数控机床研制运用中，做了许多有益的工作。他所领导的机组从未出过质量事故。1999 年我出差路过烟台时，他们夫妻二人从莱阳赶来见过一面。他虽已重病缠身，但仍乐观、豁达、充实。在烟台安了家，常到老家农村参加劳动，收获劳动的乐趣。不曾想那次见面竟是和他的诀别。

2. 黑云压城

1969 年是“文化大革命”最为疯狂的一年，也是中苏关系最紧张的时候。4 月，第一生产部 101 车间电解加工 XX 产品获得成功。10 月，林彪以“加强战备防止敌人突然袭击”为由，发布了“一号令”，全军进入紧张备战状态。在 221 基地流传什么，221 是坐在敌人导弹头上跳舞的人。基地做好了产品转移准备，同时加快基地三线建设和转移，成立了九〇二地区指挥部（即后来的九院），抽调 1100 多名职工，130 多台运输车辆去九〇二地区参加三线建设。在转移搬迁中，1969 年 11 月 4 日自备热电厂一号电缆线发生短路爆炸，实验部七厂区核心机密资料丢失。“二赵”进厂后，1970 年 9 月 13 日，二分厂 229 工号又发生了炸药件爆炸，牺牲了四名工人。这些即所谓“三大案件”，军委办事组黄永胜指派“二赵”查清案件。1969年11月28日进厂后，“二赵”秉承黄[①]、吴[②]、李[③]、邱[④]的旨意，煞费心机地报告说：“在电厂发现‘五一六’阴谋集团”，“七厂区有XXX反革命盗窃集团”，“229工号爆炸是反革命集团干的”，“二分厂有XXX苏修特务集团”。“二赵”在党员干部大会上说：“我们是来‘清队破案’的，连续发生的几起案件，是国内外阶级敌人蓄谋已久的有计划的反革命破坏。我们是带着上方宝剑来的，在221要大开杀戒，可以先斩后奏，也可以边斩边奏。”还在大会上扬言：“221是地、富、反、坏的安乐窝，是资产阶级大染缸。这里的阶级敌人，就像拔花生一串一串的，像刨地瓜一堆一堆的。”在开展所谓“清队破案”期间，不准通信，不准职工探亲，也不准家属来基地探望。他们调来部队干部和转业战士，从总厂、分厂、车间到班组全面接管。名为三次保密大检查，实为对职工进行抄家。草原笼罩在恐怖中，人们的心情像铅块一样沉重，银滩犹如被魔影覆盖着。在这场捕风捉影的“清队破案”中，从一开始就令人费解，而且越来越荒唐。昨日的依靠对象，今天成了批判对象。今天你参加批判别人，明天你就被揪了出来，搞得人人自危，刑讯、逼供，疯狂镇压群众。基地80%多的车间、科室以上干部，90%的高、中级技术人员，受到审查和迫害。留学人员成了特务，一般质量、安全事故成了反革命破坏，工作生活在一起的朋友，成了反革命集团。被审查的人中，有关押在警卫团的“要犯”，有禁闭在分厂地下室的骨干“分子”，有锁定在车间交代问题的“重点人员”，还有不少坐在走廊里的“审查人员”。到1971年9月13日，林彪摔死在蒙古温都温吐尔汗的近两年的时间里，4000多名职工受到迫害和

---

① 黄永胜，原军委办事组组长，总参谋长，中专委第二办公室主任。

② 吴法宪，原军委办事组副组长，副总参谋长，空军司令员。

③ 李作鹏，原海军司令员。

④ 邱会作，原副总参谋长，总后勤部部长。

审查，骇人听闻的威逼、打骂、折磨，昼夜不断的连续审讯使310多人致伤、致残。40多名职工难以忍受这种折磨，含恨自尽，5人以莫须有的罪名惨遭冤杀。每次枪杀时召开万人大会，四周武装巡逻，各制高点架设机枪。在南操场宣判时，叫大家向后转，观看冤杀的血淋淋场景。其中有职工医院外科陈主任，是1959年从北京率第一批22名医务人员进基地的领队之一。同年4月，在无电灯、氧气、血库、X光机的条件下，用手电筒在“百户大院”的临时职工医院，为陈光月做了基地第一例手术——肝浓疡手术。含冤被害的还有两名大学毕业不久的技术人员，一名技术工人，一名不满16岁的中学生。二二一厂领导王志刚、火工专家钱晋教授、工程师张云亭、老工人马久昌等被活活折磨死。102车间两名老工人，因质量事故和一般安全问题，沦为关押在警卫团的“要犯”已被列为处决名单，林彪“九·一三”自我爆炸后才还他们清白。

就在那“人妖颠倒”的时期，职工的责任感和良知，依旧唤醒着人们的灵魂。有的同志冒着不准串门的禁令，看望、安慰受审人员。有的关押人员，传递纸条相互鼓励。基地虽受到“二赵”的干扰破坏，但科研工作并没有停顿。人们沉默着、思考着，决不能耽误国家的试验任务。正是221人对事业的执著和忠诚以及强烈的使命感，职工在“二赵”白色恐怖的困难环境中，顽强地工作，1971年6月23日，二生产部204车间研制建成XXXX炸药生产线，提供了低感度、高爆速、高效能、优质高能炸药，对今后的核武器安全生产起了重大推动作用。1970年10月14日和1971年11月18日，成功地进行了第十一次、第十二次国家核试验。

3. 接受“审查”

在一名老工人受批判的会上，我作为裂变材料加工技术负责人，受到牵连，沦为“审查”对象。从此，我只得默默地忍着内心的压抑和痛苦，接受“审查”。军工A来到我面前，板着一副面孔，凶狠地说：“跟我走。”我被带到107小楼第二道门口。他弯着腰，手指在地上画了一个圈子说：“就坐在这里交代问题。”从此，一张方凳和方寸之地的地盘与我为伴。凛冽的寒风，随着人员进出阵阵吹来，冰凉刺骨。坐在冷冰冰的水磨石地面，伏在方凳上默默地学习《南京政府向何处去》《敦促杜聿明投降书》。眼望着那雪白的墙壁交代什么呢？心里一片茫然。面对政治高压、人人自危的白色恐怖，不交代是不行的。只能把在生产、生活上和老师傅相处的事，一五一十写出来上交。某军工拿着材料凶狠地说：“你不老实！我们已经掌握你们在加工过程中，有意制造切屑燃烧的证据。”说起来真是可笑，在铀的加工过程中，冷却不好，产生一点燃烧是很正常的事。我坦然地说：“这不可能，不信你们去调查。”话说出去了，却没有什么动静。待到春暖花开时，一大组几名被审查人员在一分厂南墙外，开垦了两亩多菜地，到平房住户的公用厕所掏大粪，用切屑桶收集小便。有了充足的肥料和精心管理，白菜、菠菜、萝卜长得出奇的好，被某些人视为样板，还拍照宣扬了一番。我后来又当上了“牛队长”①，去扩建车间保健食堂，带领二十多名“审查”人员劳动。心灵手巧的周师傅进行土建的构思，年纪大的原车间领导筛沙石，而年轻人则到一分厂围墙北边废弃的工地上挖地基砖，运送砖石、水泥和沙土。两个多月的劳动，食堂面积扩大了一倍，从此我们几名“受审”人员，成为保健食堂搬运粮食的主力。从火车上卸运粮食的劳动，沉重而劳累。背着装有100斤或150斤大米或绿豆的麻袋，走在粮库带斜坡的跳板上，一颤一颤地往上走，真是压得喘不过气来。每次要背完10袋左右粮食，才能完成任务。劳动下来累的两眼冒金星，整个身体像散了架似的，真想好好休息。可军工A又想出新点子，当我们拖着疲惫的身体，排着队走到

① “牛队长”，指自己接受审查还带领其他受审人员一起劳动的人。

宿舍时，叫我们坐在集体宿舍走廊，学习交代问题，直到夜深11点后才让去休息。科研任务来了，又叫我进车间跟班搞工艺，解决科研生产中的问题。开始时，心里有些憋气，但仔细一掂量，型号的科研试制任务寄托着国家和人民希望，必须全力以赴地投入到研制中去。

科研任务完成后，我又和几名“受审”人员一起，负责搬运铀切屑任务，将堆放在临时库房的铀切屑，转运到六厂区618地堡库存放，待到冬天时采用冷冻的办法，运往西北废物处理场。搬运铀切屑，是一项强放射剂量、高强度的劳动，而我们只能穿戴简单的劳保用品，还不能享受营养保健。当装完切屑桶后，坐在堆满切屑桶的翻斗汽车上，经过一个多小时的颠簸来到618地堡库，两个人一组，手提着60 ~ 70斤重的切屑桶，在伸手不见五指的地堡库内打着手电筒，把切屑桶堆码成二三层存放。早期按苏联办法贮存的铀切屑，发出阵阵刺鼻而令人窒息的气味，让人感到胸闷、恶心、头痛。大家工作一阵，就不得不走出地堡，呼吸点新鲜空气。搬运铀切屑劳动，是没有人去监督的，我们可以宽松、自由、无拘束地进行交谈。谁听到、看到什么新鲜事都会拿出来交流。有的还介绍如何躲避看管人员，深夜与亲人相见的故事。有的说，每次核试验成功，党中央发贺电称是毛泽东思想的伟大胜利，而到了“二赵”口里，研制单位却成了资产阶级大染缸？“二赵”说的那一套根本不可信……这些轶闻趣事，点缀了苍白的时间，为漫长、枯燥、失去自由的“审查”生活，增添了小小的趣事。在那不正常的岁月，转业到厂的军工作为骨干，绝大多数能独立思考，通情达理，他们同情工人、干部的处境，只是不了解厂的历史，执行了错误的东西。而个别人受极“左”毒害比较深，表现在行为上总是摆出真理在手，唯我独“革”的架势。在林彪“九·一三”自我爆炸后，他们转变过来，同样为社会主义事业的发展勤奋努力地工作着。

七　拨乱反正

1. 联络组进厂

1971年，“九·一三”林彪阴谋暴露，折戟沉沙。上了贼船陷得很深的赵启民，被隔离审查免除一切职务，做了降级处理。林彪死党赵登程，还捏造了各部委七十二名副部长以上干部的黑材料，最终被送上法庭。二二一厂的历史长河，在拐了一个弯后又回到故道上来。221基地广大职工通过各种渠道向中央反映“二赵”的问题，周总理对“二赵”把基地破坏成这个样子，心急如焚，经周总理提议、毛主席批准，中央于1972年9月12日—1973年3月10日，在北京京西宾馆召开了九院“批林整风会议”，清算林彪“二赵”的罪行。京西会议后，以李觉为组长，周秩、赵敬璞、胡若嘏等同志组成的学习组分赴四川、青海，传达“京西会议”精神，帮助工厂恢复秩序，筹建领导班子，做了大量调查研究工作。1974年1月1日九院一分为二，院迁往四川，二二一厂重新划归核工业部和青海省双重领导。核工业部下达了院、厂分工决定。二二一厂主要任务是：核武器和地面设备的批量生产，工艺研究，贮存性能研究，产品复检和部件返修更新等。随着全国“批林整风”运动的发展，1973年11月14日—1974年2月14日，又在北京友谊宾馆召开了“九院党委扩大会”（第二次北京会议），继续揭发“二赵”破坏221基地的罪行，统一思想，统一步调，医治“二赵”所造成的创伤。中央领导李先念、华国锋、纪登奎、余秋里等三次接见了与会代表。中央领导严肃指出："221是全国人民利益所在，是核武器研制、生产的独生子，必须把被林彪、"二赵"分裂的队伍团结起来，把耽误的时间抢回来，奋发图强地把221基地工作搞上去。"会议确立了"讲原则，讲大局，讲团结"的指导思想，形成了《北京会议纪要》。

中央派出以梁步庭为组长，赵振清、刘书林为副组长的中央联络组，于1974年2月20日进厂，受到职工的热烈欢迎。联络组进厂后不久，出现一份指向联络组'两步一停'的大字报，梁步庭同志在党员干部会上幽默地说："有的同志拿我的名字开了一个玩笑，说是联络组求稳怕乱'两步一停'。我们就是要稳，不准乱。走两步，停一停，看一看，再前进。要走小步，不走弯路，不走回头路，有什么不好呢？对写大字报的同志，不准点名批评，不抓辫子，不扣帽子，不装袋子。但要正确运用这种形式。"厂子要治乱，联络组首先顶住"四人帮"的压力，切断了厂内与外界"文化大革命"的联系。厂子派人到省里听"文革"传达、开办学习班，回厂后一律不向下传达，也不开办学习班。以北京会议精神为指导，结合厂的实际，扎扎实实做好稳定工作。厂里安排组织职工一起参加热电厂的卸煤，还组织职工到附近下马台乡，帮助老乡平整土地。两次活动广大职工踊跃参加，预示着两派职工将会很快团结起来，共同投入到科研生产中去。联络组走家串户，"拆墙、填沟、解疙瘩"，宣传北京会议精神，搞好职工的团结。厂里还组织不同形式的大小会议，让有影响的群众组织头头上台讲认识、谈体会，进行自我批评，起到了促进团结的催化作用，为队伍团结奠定了基础。随着两次北京会议精神的贯彻落实，基地报社得以重建，报纸更名为《草原工人》。重建后的报社，面向科研生产及各项中心工作，整版报道了总装车间重振旗鼓，克服困难，加班加点，圆满完成任务的消息，并在头条报道了大庆报告团前来传经送宝的新闻。联络组领导看到报纸后，立即赶往编辑部和印刷厂，慰问采编人员和印刷工人。

联络组对“二赵”推行林彪反党路线所制造的冤假错案一一复查，落实政策，平反昭雪，不留尾巴。如此大规模的落实政策工作，向上级打了报告，又搞了一个十条处理意见，但一时还难以批复。联络组的同志们以大无畏的胆识，敢于拍板，真真切切的求真，实实在在的务实，工作起来放得开，讲起话来理直气壮，得乎民心，顺乎民意。联络组的领导们常在夜深人静时，在一起研究，落实政策的问题。为落实政策，被戴了“帽子”、又没证据的一律摘帽。平反的第一个案子，是为医院外科陈主任昭雪，陈是因抢救一位在训练中致伤的战士不成功而遭遇到厄运的。第二个案子是一位火车司机，因在大雾中行车，发现障碍物，就鸣笛紧急刹车，由于惯性还是把人撞死了。一查遇难的人耳朵有些聋，又是贫农出身，而这位司机出身不太好，当时就以“开火车有意轧死贫下中农”的罪名判了刑。联络组在分析案情时，确定像此类事，一律按非正常死亡处理。这位司机落实政策后工作出色，后来被提拔为交通运输处副处长。落实政策工作进展很快，也很顺利。两个多月就为许多人摘掉了“帽子”。

对所谓的三大案件，联络组在认真调查研究的基础上，作出实事求是的结论。1974 年 11 月 21 日，公安部马副部长在厂党委常委会上宣布电厂“11・4”案子调查结果：不是阶级敌人破坏，而是一起设备责任事故。1975 年 11 月 8 日，在俱乐部举行的国防科委、公安部驻厂联络组，省有关部门领导参加的群众大会上，宣布了“二赵”所谓三大案件的复查结果：电厂电缆头爆炸，是年久失修造成的；229 工号炸药爆炸，是一起责任事故；实验部七厂核心机密文件丢失查无实据。所谓三大案件，是对广大革命群众的栽赃陷害，罪名纯属捏造，是毫无根据的。至此，落实政策工作告一段落。下一步工作就是腾出岗位，让领导和工人师傅站出来工作。调来的军代表和转业战士，同样是“二赵”的受害者，其中绝大多数是优秀的干部和战士。后来，除少数留厂工作外，军代表回原单位。转业战士工作调动，首先要解决劳动指标。联络组的领导，亲自跑到劳动部解决了指标，建立17个工作组对外联系落实，使转业战士得到妥善安置。以上工作仅用了半年时间就完成了，厂的“文化大革命”从此结束。

2. 历史转变

二二一厂的生产生活秩序很快趋于正常，开始恢复工厂的建制，各个部门的工作很快正常运转起来。胡深阀原是交运处处长，董天祯原是火车编组站站长。董站长是个多面手，没有人开火车时就自己上，带动了整个火车站工作的开展。火车通了，汽车跑起来了，职工上下班、生产生活物资、电厂用煤都有了保障，为科研生产的恢复创造了条件。白东齐原是器材处处长，“二赵”期间受到残酷的迫害，被打断了多根肋骨，在得到一定治疗后，又重新走上领导岗位，带领器材处协作科的同志走访科研院所、厂，恢复了已割断的外协关系，疏通了电子产品和器材供应渠道。器材处老曹站出来，亲自带队到海晏县，把1200吨散落在沿途的物资运回厂入库建账，追回了在铁路沿线丢失的300车皮煤。由于他们卓有成效的工作，胡深阀、白东齐先后担任了总厂厂长。董天祯走上总厂领导岗位后，还被选为两届全国人大常委会委员。苏耀光总工程师回厂工作，和周蕴章、谢平海副总工程师一道，贯彻国防科委“73·24”会议确立的“具体问题，具体分析，区别对待”的交付原则，解决了XXX批生产中某些问题，顺利交付部队。其后在召开的“74·3”会议上，决定对XXX产品部分部件进行工艺试验，整理出完整的图纸、工艺资料，恢复健全企业管理职能机构及各项规章制度，改造建立工艺流程和生产线，组织进行综合考核定型试验。1970 年 6 月的试验未能达到预期的目的，1971 年 9 月 26 日又进行第二次试验，达到预期理论数值，验证了以前进行的地面环境及出中子试验结论是可靠的，试验取得圆满成功。解决了“二赵”对抗周总理“边试验，边定型，定型合格后再小批生产”指示所遗留的问题，通过了产品定型，同意批量生产。1974 年 6 月试投了部分产品，进一步考核了工艺、技术和管理。

联络组工作有板有眼，富有成效，叫人心服口服。一大批站出来工作的干部、技术人员、工人为科研生产的恢复，做了大量艰苦、细致、卓有成效的工作，挺起胸膛昂首阔步踏上新的征程。1975 年 3 月，厂、矿召开了职工代表大会，选举产生了以刘书林为主任的革委会。中央任命了梁步庭为临时党委书记，赵振清为中央联络组组长。1975 年 XXX 产品再次投入批生产，我和技术人员小王，设计了横向液压仿型系统，成功用于核材料产品加工，产品质量进一步提高，工人劳动条件得到改善。1975 年核武器批生产任务圆满完成，这是二二一厂历史上丰收的一年。完成了由“文革”动乱到安定团结，由科研体制向批生产的历史性转变，在核产品武器化方面迈出了重要的步伐，做出了历史性贡献。中央特意发来贺电。

1976 年，毛主席、周总理、朱德委员长与世长辞，亿万人民悲痛万分。联络组在俱乐部前广场，举行了隆重的悼念大会。被“二赵”分裂的职工情感，在悲痛中弥合，上下的凝聚力，转化为加快科研生产的动力。

阳光明媚、初雪融化的草原上，二二一厂又走上了阳关大道。明亮的理发馆、永远微笑的照相馆、服务周到的洗衣店、味美卫生的红星饭店、守时尽职的百货副食商店在劫后焕发了生机。20 多栋职工家属筒子楼里，又恢复了往日的欢声笑语。下班后走廊里人影晃动，灯火通明，炊烟四起，热闹非凡。各地的方言、炒勺声和油烟味汇集在一起，整栋楼好像要飘起来。遭遇过劫难的人们特别珍视同事情谊，常常是一家有事众家相助。今天老李家娶媳妇，朋友、乡亲带上土特产前去祝贺；明日老张家老人住院，邻居、同事前往医院探望；老王家孩子手术需用血，广播一响人们纷纷前往医院献血……“文革”的后遗症在慢慢消除，人们又开始和睦相处，和谐团结的氛围逐渐形成。1975 年 11 月 8 日，中央联络组结束了在二二一厂的工作，在近万人的欢送声中胜利返回北京。

3. 跟班劳动

军代表撤走后，我走上车间领导岗位。在那政治冲击一切的年代，尊重科学做好剂量防护，被视为“活命哲学”，重视文明生产、安全防护工作的何文钊主任就曾被拉到机床旁进行批判。由于“二赵”追求高产，任务翻番，提出一年生产 X 个型号 X 个团，在七厂区，扩建核材料生产规模的工艺设计，动工修建从热电厂到四、七厂区的送暖管线，至今沿线还留下不少水泥墩基座。由于不重视文明生产，裂变材料加工 24 号大厅，存有大量积水，工人不得不改穿高筒水靴操作。针对职工对承担科研任务惧怕的困难局面，车间党、政领导提出：“领导跟班劳动，出了问题领导负责，尽快恢复科研生产。”我们一手抓党员模范带头作用，一手抓文明生产和规章制度的恢复。为改变这种状况，我第一天进车间跟班劳动，就是组织人员清除 24 号大厅的积水。开展以整理工号、实验室，健全岗位责任制为主要内容的文明生产活动。各组因地制宜进行整理，技术人员和工人师傅自己动手，重新设计制作了 24 号大厅机床防护装置，还用油漆刷新了墙壁，使 24 号大厅面貌焕然一新。在密封装配工号，技术人员和装配组的工人一同设计施工，将水磨石地面改造成白橡胶板焊接地面，墙面刷上白色油漆，工号明亮、整洁而安全。由于“二赵”破坏，超期贮存的钚 –239 产品需要进行开罐检查。车间领导、装配组党、政小组长，冒着可能有剧毒泄漏的危险，在安防人员严密剂量监测下，一丝不苟谨慎操作完成了产品复检任务。

在完成科研生产任务中，车间领导在热核材料成型、加工，裂变材料加工和装配、涂层等环节跟班劳动，有时一天要参加两个班次。由于车间领导和党员的带头作用，车间科研生产秩序逐渐恢复，保证了科研生产任务的完成。一天上午，朱光亚副院长来到车间，观看热核材料成型产品的质量，我向朱光亚汇报了刚刚改进使用的液压仿形加工情况，他听后高兴地说：“好，你们还可以引进数控加工技术，劳动防护条件会进一步改善。”我们很快提出引进一台小数控加工设备，成立技术人员、老工人和维修人员组成的数控加工小组。经过近半年的探索，突破了机床控制系统的可靠性、导轨爬行、刀具磨损和编程等技术难题，成功地应用于裂变材料产品加工上。其后，我们又与沈阳机床厂合作，研制出大型数控机床，在 1977 年批生产中运用，完成了某型号核战斗部的批量生产交付，装备了部队。20 世纪 70 年代后期，厂对 XXX 产品开展贮存研究，先后进行了核产品公路和铁路运输试验。结合核产品的定期复检，在阵地进行了贮存试验，对贮存中热核材料、中子源，承担了试验前、后的检测分析工作。在生产过程中，在原有加工设备上进行必要改装，进行加工取样分析，获取了大量有价值的数据，为 XXX 产品延寿提供了可靠依据。1976 年 11 月，我和装配组的技术人员与二炮有关人员应邀学习参观。首先来到酒泉原子能联合企业四分厂，学习新材料加工装配。九院邓稼先院长在现场，指导和验收产品，并来到住处看望我们。由于酒泉原子能联合企业的同志们拼搏攻关，精益求精的操作，圆满完成了产品的加工装配。我们随同邓院长，由保卫人员护送产品，在酒泉登上伊尔 –18 专机，前往新疆核试验场。当时机上仅有十几人，途经天山时气流波动大，飞机颠簸得厉害，保卫人员紧紧守护在产品箱前。中午到达马兰机场，受到李觉副部长的迎接。李副部长在帐篷里，看望我们与二炮的同志，他特别关心二二一厂，询问了厂的有关情况后指出："这次试验任务，有很多前期工作曾在二二一厂进行，为这个产品研制开发做了大量工作。你们在成绩面前要谦虚谨慎，要学会夹着尾巴做人，不要让尾巴翘到天上去了。" 1976 年 11 月 17 日，我国第 21 次核试验取得圆满成功，这也是我国至今爆炸当量最大的一次核试验。

4. 初到分厂

1980 年我来到分厂，协助徐占元厂长分抓分厂科研生产。徐厂长是一位和蔼可亲，能放手让人大胆工作的好领导。他经常深入车间了解情况，现场办公解决问题，还不时来到副职办公室，沟通情况指导工作。一分厂承担总厂工业总产值的 70%，除 102 车间外，还有核装置金属部件加工和表面处理（101 车间），无线电引控系统和地测部件设计（系统室）、加工（103 车间）、装配（104 车间）、调试（系统室）、环境实验（检查科）等单位。我开始接触无线电引控系统产品，遇到一个棘手的问题是：引控系统组件在抽检中常出现抽检不合格而返修或重新抽检。如何提高引控系统整机的产品质量，成为技术人员工作的难点。我们与系统室和车间领导，对生产全过程的薄弱环节进行分析，用全面质量管理的观点，采取了一系列技术和管理措施。如派技术人员进驻重点元器件厂、所验收，元器件进厂后严格筛选，还对焊接工艺装备进行改进，采取加强虚焊点的检查等措施，使整机质量明显提高，交付工作也顺利完成。在确保军品的基础上，大力开发民用产品。我们研制生产的 6L 双环发射天线远销西北、东北一些省市的电视台，714 兆地面卫星接收机的研制成功，为无线电民用产品的开发生产开了一个好头。中央组织部来厂考察厂后备干部，1982 年年底，我被任命为总厂副厂长，在白东齐厂长领导下，主持厂的科研、生产和企业整顿工作，圆满完成了多批次核产品的生产交付。

5. 产品退役

国防科工委和总参先后批准，XXX，XXX 核弹头作退役处理。为了能通过对贮存一定年限后的产品部组件分解、检测、试验，分析找出性能变化规律，为今后核产品贮存提供可靠依据，总厂成立了以陈家圣总工程师为组长的退役领导小组，设立了退役办公室。我作为副组长和计划部门拟订了科研实验项目，编制了网络计划。此时，遇到一个问题，是贮存多年的核弹头在哪里分解？各单位纷纷提出新建、改建生产工号计划。而我们想到了闲置的七厂区，那里有大量闲置的高品质厂房和实验室可以利用。组织大家一看，都比较满意。于是自己动手进行少量厂房改造，部分设备搬运、安装调试，进行了核装置金属部件和引控制系统部组件的分解和实验，圆满地完成了分解任务。结合常规武器战斗部的研制，对分解出的炸药部件，进行起爆方式的试验，取得成功。与草原全尺寸爆轰模拟出中子试验时隔了 22 年，1986 年 6 月 5 日，在六厂区 610 工号，又进行了贮存多年后的 XXX 核弹头综合爆轰试验，除铀 –235 用代用件外全部为真品。省委主要领导和厂、矿中层以上干部，观看了这次试验，试验取得圆满成功。通过近三年贮存核产品的退役科学实验研究，核装置和引控系统经长期贮存，产品性能仍保持较高水平，并取得二十多项科研成果。

八 第二次创业

1. 从零开始

1983 年夏党委书记郑祖英带队，我们一同前往兰州铀浓缩厂，学习企业整顿、建立经济责任制的经验，回厂后结合厂的实际，建立和健全了经济责任制考核体系。1984 年 10 月 16 日，是我国第一颗原子弹爆炸成功 20 周年的喜庆日子，厂第一次举办了建厂 26 周年庆典活动，召开了隆重的庆祝大会，部、省、二炮领导和九院等兄弟单位领导前来祝贺。我们制作了精美的镀金、镀银纪念章和以后的纪念册、纪念碑，成为 221 人一生难忘的珍贵的记忆。庆祝活动进一步增强了职工队伍的凝聚力，推动了企业整顿的深入开展，完成了各项企业整顿的验收准备。通过两年多厂、矿职工共同努力，1984 年 10 月 24 日，通过了部、省企业整顿验收，被评为一级优秀企业，为企业的发展打下了良好的基础。同时厂研制、生产的“XXXX”核弹头产品荣获国家质量银质奖，“原子弹突破和武器化”、“氢弹突破及武器化”荣获国家科技进步特等奖。这是我国第一颗原子弹爆炸成功后，国家首次颁发的奖项。并发给九院和二二一厂奖金各一万元。这个数字的奖金，对拥有在职职工 7500 人的厂来说，可以说是微不足道，但荣誉是对厂和全体职工至高无上的嘉奖。厂拿出 10 多万元奖励基金，按 20 元、10 元、5 元三个档次，连同经济责任制考评奖一同分发下去。九院院长邓稼先生前，曾有许多人问过他“搞两弹得了多少奖金”，邓院长总是笑而不答。1986年6月邓稼先病危，美籍物理学家、诺贝尔奖获得者杨振宁赶到医院看望他，也提到这件事。邓稼先夫人许鹿希回答说：奖金是人民币10元。邓稼先补充说：是原子弹10元、氢弹10元。杨振宁以为是开玩笑，许鹿希说："这是真的。"当时生活条件艰苦，没有白天和晚上，没有周日休息，加班搞科研生产没有任何奖金、加班费之类的报酬。"文革"期间，有的同志白天受批判，晚上照常工作，这种不计报酬，一心报国的无私奉献精神，恐怕是在别的国家难以做到的。

在1984年的企业整顿验收大会上，军工局刘杲局长宣布，任命我为二二一厂厂长，并实行厂长负责制。本着改革要有新举措，发展要有新思路的精神，我在大会上作了《从零开始，进行第二次创业》的表态发言，诠释"发展才是硬道理"，怎样才能发展，用什么方法才能使厂发展等五项措施：

一是大胆起用年轻人。使用和提拔有文化，有现代经济、技术知识、勇于创新、能开拓新局面的人才。

二是破除平均主义。建立以承包为主要内容的经济责任制考评体系，推行浮动工资、职务工资和岗位工资制。

三是破除闭关自守观念。在开放的沿海城市，建立经济技术合作窗口安置职工，解决职工后顾之忧。

四是推行分级负责制。不搞多头领导，不越级指挥，各司其职，各负其责，逐步做到责、权、利分明。

五是抓好队伍建设。各级领导要秉公办事，不谋私利，不搞特权，用自己的实际行动，从严治厂，开创厂、矿工作新局面。

发言代表了职工的热切期望，在群众中产生了良好反响，表达了对厂长工作的信任和支持。我没有陶醉于掌声中，回到办公室，我冷静地进行了深思。我是通过处级干部测评和组织考核，从基层一步一个脚印走过来的，经过各层次的锻炼和学习，才从老厂长手中接过接力棒。而自己当时仅46岁，主持这样重要单位的工作，从党委领导下的厂长负责制，过渡到发挥党委的核心、保证、监督作用，实行职工民主管理的厂长负责制，可以说是一次体制、观念、责任的重大变化，让不少老同志捏了一把汗。我有勇于承担压力的个性，是一个愿意接受挑战的人。正如毛主席所说："人是要有点精神的。"领导就是一面旗帜，一点一滴的言行，要给人一种朝气、希望，从而点燃职工心中的热火，带领职工开创工作的新天地。既然承诺了，就一定要干好。看准了的事，要全神贯注地去做，做出成效来。工作追求高标准，这个高标准是不断创新的，是实实在在的。一句话，就是用心去做事，一切追求高标准。一位老同志在马路上遇见我，热情地问我："厂长，你搞好厂的担子可不轻，你治厂的思路是什么？"我毫不犹豫地回答说："用心做事，一切追求高标准。"这位老同志恳切地说："好，就这么办。"短短的一句话代表了老同志对我的信任与希望，也增强了我搞好工作的信心。

2. 用心办事

以刁有珠为党委书记的上届党委，根据上级要求，用改革的精神，在征求新任厂长的意见，通过组织考核，组建了总厂老、中、青三结合领导班子，班子成员平均年龄不到45岁，有两名三十几岁年轻技术人员进入总厂班子，也引来一些非议。但我们认为：从企业的发展和稳定出发，看准了的年轻干部就要大胆启用，做好帮、带，放手让他们去工作，他们就一定会成熟起来。实践也证明，他们走上总厂领导岗位后，朝气蓬勃，充满活力，工作有新意，很快进入角色挑起了工作的重担。

新班子上任后，反映问题的职工和家属络绎不绝，接待工作每天持续到晚10点后。大家强烈要求尽快解决"一老一小"及厂、矿多种工资并行问题。当时职工中有核工业企业工资，政府工资，还有教育、卫生、商业、铁路等多种系列工资，而当时核工业企业工资最高。职工还尖锐地向领导提出："领导办事要透明，公平、公正"，"不能让老实人吃亏"，"不能只会捏软柿子，谁能闹，谁的问题就解决，谁有关系，谁就得到照顾"。尖锐的意见深深触动我们，在众多的困难和问题面前，决不退缩，要敢于迎接挑战，否则要我们这些领导干什么？面对困难和问题，领导们就要冷静地权衡群众的建议是否合乎实际，是否真有道理，是否符合多数职工利益，符合的就要真心真意地去解决。而问题的解决靠的是领导班子的团结，党、政、工、团的齐心协力。在企业落实厂长负责过程中，厂长更要主动与党、工、团沟通和协调。在行政班子内要大胆放权，充分调动副职的积极性和创造性。厂长要多做些调查研究，抓好企业发展大计；多出主意做好班子内的协调；多协助副职抓好热点、难点问题。当下边出了问题时要敢于承担责任。我也暗下决心：工作中不许愿，不拖拉，公平、公正、公开地处理问题。我常想，领导与职工，只是分工不同，在工作上是领导关系，而在生活中却是同事、朋友关系，以这样的心态对待工作，工作中大家都会紧紧围绕着你，齐心协力地去工作。我经常一人骑着自行车到科研生产关键岗位，到矛盾集中的部门走一走、看一看，零距离接近职工。群众到底在想什么？我们能为群众做些什么？与职工将心比心，开诚布公地交谈。这样一走，心里就踏实，说话才能说到点子上，才能把问题说透，群众才爱听，工作才会有的放矢。既保持了与职工的血肉联系，也从中吸取了精神营养。

通过一段时间的调查分析，我清醒地看到了我厂所面临的严峻形势：军品任务在锐减，民品开发两头在外，缺乏竞争力；"一老一小"问题突出；技术人员后继乏人。当时每年中央照顾厂、矿身体不适宜高原、家庭确有困难的200名职工内调，其中绝大部分是工程技术人员、医生和教师。而每年分配能来报到的大学毕业生不足 50 人。1600 多名离退休人员滞留在厂和西宁亟待安置。1974 年时，中央同意解决九院和二二一厂职工两地分居问题，到 1984 年累计进了 1300 多户，待业青年数量剧增，厂登记在册待业青年有 1400 多名，每年还以 300 人的速度增加，甚至个别家庭有 3 名待业青年，最大的已 27 岁。在沉重的压力面前，领导班子决心跳出封闭的小天地，迈开步伐走出去，在市场的竞争中，大力开发具有人才技术优势、有市场（必然也是竞争激烈）、技术含量高的民用产品和常规武器战斗部，在沿海开放城市兴办企业，在外寻求招工单位。把职工关心的事一件一件地办好，解决好职工的后顾之忧。1985 年结合核工业企业工资的套改办法（即一上靠、二高套、三升级），理顺了企业内部工资关系，建立起新的核工业企业职工工资标准，职工的情绪发生了可喜变化。

解决待业青年就业问题难度大，部、省不在厂招工，厂技校又停止了招生。但是，我们把它当作一项民心工程来抓，劳人处、文教局、劳动服务公司派人走访青海、安徽、山东、河北、四川等省市，与有关工厂、学校协商，给予贷款支持企业技术改造，请企业在招工中匀给一些指标。对一部分高考落榜的学生，与地方联合办学，毕业后在当地分配工作。这些措施所需资金，本着单位出一点，职工拿一点的办法，先后解决了 1000 多名青年就业和上大学，大大缓解了厂待业青年的就业压力。这其中也遇到一些麻烦，1989 年 XX 建工建材学校，在厂招收 38 名学生中，矿区招生办比照二级招生办办法，降低分数线多招收 8 名学生。一时惊动了省有关业务部门，并要退回 8 名学生……我们及时向省里汇报了撤厂带来的特殊情况，使事情得到妥善解决。

3. 燃眉之急

1984 年冬，热电厂用煤吃紧，煤场的煤仅够十天左右。宁夏石嘴山、甘肃窑街的煤，由于车皮紧张，难以保障我们用煤，主管副厂长和器材处到西宁铁路分局，仅解决少量车皮。器材处提出，希望我跑一趟兰州铁路局，解决热电厂燃眉之急。我和业务处同志赶到兰州铁路局，来到王局长办公室。当时，办公室外边挤满申请车皮的人，在我们通报情况后，优先让我们进去。当我们说明来意后，王局长表示："你们是重点保证单位，我们马上安排，两列车皮给两个煤矿，煤可以很快运到厂。"燃眉之急才算解决。江副总工程师、热电厂的领导和技术人员大胆提出用外省与本省煤按一定比例混烧的方案，以缓解火车运输的矛盾。通过反复实验，取得锅炉运行最佳用煤配比方案。而本省煤只能靠汽车运输，于是运煤的任务落到交通运输处。年轻的车队任副队长主动请战，带领 20 多台车和维修工，来到位于祁连山和大通山之间海拔 3500 米的默勒和八宝煤矿。那里，冬季气温在零下 15 ~零下 20 摄氏度，天寒地冻，生活条件十分艰苦。在十几平方米大的小屋里，通铺上铺着被子，地上生着火炉，还要破冰取水，自己做饭。他们每天只能睡上四个多小时，清晨顶着星星去，晚上披着星星回，滚成了一个个露着白牙的"煤黑子"。小任爱人生病，任务紧急他不能返厂，一直坚持到最后出色地完成了任务。同志们都说：小任是一个响当当的副队长。"两弹一星"精神，在二二一厂年轻一代身上闪闪发光。

4. 初显端倪

1984 年 12 月，新班子刚刚组建两个月，民品处通过考察和可行性分析，在民品生产汇报会上，提出在沿海某开放城市，联营兴建空调净化工业公司的建议。班子认为，虽然时间紧迫，但这个有发展前途的好项目一定要抓住，投石问路去开拓民品，开创"养鸡下蛋"的新天地。在会上我与陈总工程师、叶总会计师一商量当即拍板，同意签订投资 400 万元、安置 100 名职工的协议。通过双方共同努力，联营厂三年得到很快发展，到1987年，年销售收入达到3000多万元，取得较好的经济和安置效益。在外联营办企业的成功，让我们尝到了甜头，给人带来希望，证明厂向沿海开放城市东移的发展战略是正确的，它有利于职工在改革和市场经济的浪潮中转变观念，捕捉信息，吸引人才，解决西部军工企业发展的后顾之忧。在保军转民中，我们又开发了调频广播6 L双环天线、全频道电缆电视系统（共用接收天线）、变频机（当时国内容量最大、调频范围较广的机型）、静止变频电源（还签订了75台生产合同）、单面镀锌板、子午轮胎模具、高原汽车涡轮增压器（应省科委要求，与青海汽车厂配套出口到高原气候国家的汽车，与国家机械委车用发动机研究所合作研制成功）、人造金刚石、火灾报警器、太阳能热水器等产品。为省里出口欧洲生产的一万套十字棘轮扳手，选用优质合金钢经锻造、冲压、焊接、表面处理，获国家外贸部荣誉证书，是厂批量生产民用产品管理上的一次有益尝试。镀锌铁板项目加紧与国外合作谈判中，盐化工项目的可行性论证正紧张进行，常规武器战斗部的开发取得了可喜的进展。每年还有近二百项技术革新成果获厂的奖励，工厂的生产能力和水平得到进一步提升。热电厂利用循环水余热，在700平方米温流水里，养殖罗非鱼获得成功。房建处开发了五亩悬索塑料大棚，种植西红柿、辣椒、黄瓜等蔬菜。二分厂种植蘑菇，丰富了职工的菜篮子。厂的民品销售收入，从1984年仅几十万元，到1987年达到1000多万元。

本着有所为，有所不为的精神。我们加大了常规武器战斗部的研发力度，成立了总厂以厂长为组长的常规武器战斗部开发领导小组，组织工程技术人员进行了多种型号导弹战斗部的调研，结合核弹头的退役进行常规武器战斗部起爆方式等的探索试验。在局召开的常规武器开发座谈会上，局领导充分肯定了研发先进的常规武器战斗部，是厂转民的重点发展方向。1986年6月，在六厂区623工号，进行了常规武器战斗部1∶1静爆威力试验，它是常规武器战斗部设计、装药、起爆方式、测试方法和爆炸效应的综合检验。总参、国防科工委、二炮、航天部、中船总公司及上级有关部门30多人参观了试验，试验取得圆满成功。标志着厂在核武器技术向常规武器技术转移中，迈出了可喜的一步，企业也萌发出新的生机。参观的同志深有感触地说："这样规模大，质量高，装药多的静爆试验，显示了二二一厂雄厚的技术实力，具有研制、试验、生产常规武器战斗部的潜力。"有的说："我参加过上百次试验，从没见过组织得这样严密的试验。连几点钟干什么都规定得很严格，每道工序都有人签字把关。试验人员一丝不苟的精神，健全的质量保证体系，给我们留下了深刻印象。"其后，又在厂区试验场进行了100多发多种材质穿甲弹打靶试验，取得了满意的效果。厂参与的半穿甲战斗部研制方案和可行性报告，在激烈的招标竞争中一举中标。引进先进技术，大胆启用年轻技术人员挑重担，常规武器战斗部无线电引信机的研制，取得了重大突破，进一步增强了厂研发常规武器的信心。厂在贯彻"军转民"战略方针中实现了：由核武器生产为主逐步向研发常规武器转移；军品生产逐步向民品生产转移；生产科研型企业逐步向生产经营型企业转移。初步完成了转轨变型的重大调整，服务方向、经营方式、管理体制、内部关系都发生了深刻变化。

5. "好！不错！"

1986年8月19日，阳光高照，高原古城西宁市省体育馆内，到处洋溢着喜庆的气氛。正在青海视察的中共中央总书记胡耀邦，在青海省委书记尹克升、省长宋瑞祥等领导陪同下，下午5时许，参观了青海省交易会展览。胡耀邦同志神采奕奕，迈着稳健的步伐来到二二一厂民品展位。宋省长走上前介绍说："这位是核工业部二二一厂王厂长，那位是省人民政府矿区办事处曹副主任。”我们走上前去与耀邦同志握手，对他说：“您 1983 年 7 月 22 日曾视察过我们厂。”耀邦同志亲切地问：“是不是金银滩上的那个厂？”我连忙回答：“是，您还为厂题词“钻研新课题，更上一层楼”。他一边认真听取厂民品生产的介绍，一边饶有兴趣地观看展出的十三项民品实物和图片。看完后他语重心长地对我们说：“你们军工企业的新课题，就是转民。”我们请他坐下，观看正在研制的地对地导弹战斗部静爆试验录像片《迎接新的挑战》。当画面出现二二一厂爆轰试验场，那片一望无际辽阔的草原时，耀邦同志心系草原少数民族的温暖，问坐在身边的尹书记说：“迁往新疆的哈萨克牧民，有多少要求回青海？”尹书记回答说：“五百户。”耀邦同志语气沉重地说：“我们的一些工作，搞不好就是官僚主义太严重。这件事就不应该一刀切。老年哈萨克牧民愿意走的，就安排他们走。而年轻人愿意留下的，就应该留下。”省领导一一点头表示赞同。他在看到爆炸后的效应时，问到所配导弹射程有多远？杀伤力有多大？我一一做了回答。看完录像片，胡耀邦总书记站了起来连声说：“好！不错！”和我们一一握手告别。他的一席话，是对二二一厂正在进行的加速改革，勇于开拓常规武器的充分肯定，是对全体职工和工程技术人员的巨大鼓励和鞭策。

6. 创优工程

在 221 基地完成 XXXX 产品部分冷试验后，院、厂实行分家。根据规划，厂派出了以陈总工程师、任副厂长为首的技术人员前往九院，全面接收图纸和工艺文件资料。1986 年初，结合当年科研、生产任务，厂提出：全面贯彻落实《军工产品质量管理条例》，“主产品创优”的年度质量工作目标。对核武器的生产全过程，实行规范化、系统化的质量控制。成立了以厂长、总工程师为首的创优领导小组和办公室（设在质量管理处），制订了创优目标、实施细则和措施计划。创优办公室与设计、技术等部门，拟定了关键零部组件的内控技术质量指标，并层层向下分解，实行质量目标的精细化管理。在厂内普及全面质量管理教育，强化企业基础管理，在生产全过程建立了34个质量管理点，43个关键技术攻关“QC小组”。由于近几年引进先进设备和工艺研究成果的应用，特别是1985年7月，等静压成型通过国防科工委的技术鉴定，填补了我国成型工艺的空白，成型产品的整体密度、密度均匀性、力学性能和环境适应性，生产工艺重复性均有明显提高。大型微波试验室的建成和应用，为产品创优提供了强有力的技术支撑。总厂还成立了工艺鉴定领导小组，组织技术人员和工人进行技术培训，关键产品工序进行工艺实验，保证了产品工艺文件的适应性和可靠性。总厂工会紧紧围绕质量目标实现，组织好厂、矿社会主义劳动竞赛。劳动竞赛的深度和广度，远远超过了以往任何一年。三分厂301车间，以于师傅为首的九人小组团结一致，废寝忘食，顽强拼搏，克服高原气候带来的种种困难，经过10多次反复改进实验，终于攻克某关键部件铸造技术难关，生产出合格的毛坯产品。二分厂开展关键设备上的技术比武竞赛个个达标，保证了炸药部件生产的优质安全。热电厂对2号、5号汽轮机组大修中，实现了检修质量的创优。交运处通过“安全优质”“最佳服务”等竞赛活动，促进全年交通运输任务顺利完成。房建处水电队开展水、热服务质量对口赛，水网管线的泄漏明显减少。商业局职工在全国猪肉吃紧时，紧急从四川组织货源，保证了厂区肉、蛋等食品的供应。当创优工程在厂全面深入开展时，从西宁市刮来一股退休风。说：青政（84）第32号文和108号文要停止执行，职工退休某些待遇将要取消。一些职工为坐上退休最后一班车，从内地转来函件，要求矿区公安局更改出生年月。厂及时与省业务部门联系，把真实情况通报给大家，但仍难以抵挡风潮的冲击。有600多名职工退休，加之1984年年底退休的职工，总共有1100多名职工离、退休，给产品创优带来不小冲击。厂当即决定：重点核产品加工车间停产一个月，重新调整劳动组织，学习图纸工艺文件。经厂、矿全体职工共同努力，核装置、引控系统部组件，优质品率分别达到99.7%，98.3%，引控系统联试一次通过，核装置的总装和引控系统联试，一次安全顺利完成，全面实现主产品创优目标，受到二炮好评。这是20多年来，全厂上下坚决贯彻部领导提出的质量第一、安全第一的方针，自始至终把质量安全工作当成头等大事来抓，思想上高度重视；工作上严格细致；技术上精益求精；管理上建立健全质量安全保障系统和经济、技术、业务责任制，使核武器生产安全、稳定、可靠。主产品的创优活动，使员工质量意识进一步增强，专业管理的程序化、规范化、制度化迈上了一个新台阶，企业的质量管理实现了一次新的飞跃。主产品创优活动的实践，完全演绎了管理既是科学，又是艺术，也是战斗力的道理。省委、省政府发来贺电，部领导来电慰问。1986年厂、矿财政实现收支平衡、略有盈余的目标。

主产品的创优实践活动，使我们深深地认识到，核武器批量生产，同样是一项创造性劳动，它凝聚着技术人员和员工们的智慧和创造。它要求企业劳动组织的完善和稳定，员工素质不断提高，全面质量管理进一步强化，工艺、装备上不断创新，确保产品在生产周期内，生产过程中的每个环节运转有效，质量稳定、安全可靠、技术管理上的一致性，确保优质、安全、低耗、高效地生产出核产品，真正把核武器开发的科研成果，转化为生产力，从而提高部队的战斗力，使部队具有核威慑的打击力量。

7. 二次会战

1985年7月的一天下午，已临近下班时间，办公室的电话铃声响起，军工局刘杲局长，在厂的保密专线电话里急促地说：“老王，科工委来电话，国外急需一种装载常规弹头的导弹系统，能形成一种威慑力量，能否在半年内交付？下班前给我一个答复。”听到这突如其来的好消息，我掩饰不住内心的喜悦连忙说：“好！马上研究，下班前答复。”这消息使大家兴奋起来。真是机遇总是留给有准备的人。从1982年以来，厂坚持不懈的常规武器战斗部开发研究成果将转化为生产力，给正在为保军转民拼搏的二二一厂注入一股强劲动力。20分钟后，有关负责人员来到我的办公室，根据“能形成一种威慑力量”的要求，提出了初步的战术指标和技术方案。充分利用核技术的成果，产品可以在九个月内交付。我们也清醒地认识到：总体设计与无线电引信机能否在近期取得技术上的突破，是产品按期交付的关键，为此厂必须承担交付的风险。有风险，就有动力，就有拼搏，我们必须敢于承担。我们也深信：经过核武器研制锻炼的科研技术人员与工人有信心、有能力、有智慧实现突破。意见很快传上去，厂的决心增强了上级的信心，很快组建了办公室开始前期工作，这项任务上级命名为“XX工程”，并指出：“此项任务是一项指令性、时间性、保密性很强的任务。”“二二一厂在该任务中处于特殊地位，是成败的关键。”“厂长作为任务的第一责任人。厂要作为一项最重要的政治任务来抓。做到保质量，保保密，保进度交付。”1987年1月，双方草签了研制合同，厂的产品代号为“118”。厂确立了“安全第一、质量第一、特事特办”、“一切为‘118’让路”的工作方针。随后召开了双方技术协调会，签订了研制、试验、技术鉴定、产品交付合同。厂虽处于前途未卜的前夜，但合同的签订使职工情绪高涨，似乎憋了几年的劲要一下子释放出来。各级领导和职工纷纷表示：即便是明天要关厂，今天我们仍要拼命干，创造性地把“118”任务和厂的调整做好，让国家放心。为了“118”和调整任务的圆满完成，党、政、工、团拧成一股劲，齐心协力，努力拼搏，以新的面貌，新的姿态，投入新产品的研制。为此，厂建立起“118”设计师系统，在关键技术岗位上大胆启用年轻技术人员，充分应用核武器研制、试验成果。吴、邢两位副总工程师组织技术研究部进行了多次、有效的爆轰试验，完善了总体产品结构设计。把设计、试验、测试技术人员组织在一起，通过大量的计算、分析、论证的办法，减少了某项环境试验。质量管理处制定了关键部组件质量考核指标和“118”产品验收原则，组织关键部件与关键工序“QC”小组进行攻关。企业改革办公室加大包、保、核和经济责任制考核奖惩力度，推行机关职能处考核分厂包、保、核指标，分厂考核总厂机关职能处经济责任制完成情况奖惩的双向考核。陈总工程师和任副厂长、吴副总工程师经常带领设计、生产、质量、器材业务处人员深入现场，解决科研生产中遇到的问题。器材处同志把急需器材送到车间。党群系统的同志深入基层，把思想政治工作融入科研生产中，做好职工思想工作，充分发挥党员的模范带头和团员的突击队作用。总厂工会带着慰问品，深入科研生产一线，看望深夜加班的职工。食堂为夜班职工准备了可口的饭菜送到车间。1987 年春节，二二一厂处处洋溢着喜庆、欢乐的气氛。大年初二，无线电引信机研制人员，主动来到实验室进行调试。吴副总、分厂领导也亲临现场看望同志们。同志们感慨地说：1964 年草原大会战的劲头又回来了。3 月，无线电引信机工程技术人员夜以继日，协同攻关，实现了技术突破，取得联机成功。

九　战略调整

1. 正确决策

中央正确分析了国际形势，认为15年世界大战打不起来。应该充分利用这个机遇，调整战略武器发展方针，缩短战线，多研制，少生产。作为我国第一个核武器研制、试验、生产基地，军品任务将会大大缩减。二二一厂所在地区，不属于未来发展规划地区，军转民的路子走不通，必须进行战略调整。

而二二一厂的撤点销号可以说是长期酝酿形成的。1974年九院一分为二，院迁往四川，二二一厂改为企业体制。1977年10月，省、部联合上报了《关于二二一厂不适合高寒地区工作的职工安置和队伍更新的报告》，中央领导作了批示。但因“文革”后百废待举，三千职工的调出，在当时形势下相当困难，因而搁浅。1986年11月21日，张爱萍在厂党委报告中批示:“我个人的意见，同意采取第二方案[①]所提的原则。这也是1983年我们在绵阳地区的长卿山下[②]九院研究新址问题时一并提出的原则。而当时的国防科工委、核工业部及九院领导同志都是同意的，并决定请核工业部与该厂和青海省委研究，提出实施方案。”也就是说，在三线基地建成后，221基地随之撤销。1983年1月，二二一厂党委上报《关于二二一厂几个问题的请示》提出:“调出多余人员，更新队伍，实

---

① 第二方案即撤点销号方案。

② 长卿山位于四川梓潼县境内。

行轮换制。更新设备，增加任务。妥善安置离退休职工，建立安置点，厂对分散安置的职工给予资助。解决待业青年就业问题，恢复我厂事业单位性质。”1984年5月，核工业部下发了《关于二二一厂几个问题的通知》指出：“遵照张爱萍同志‘二二一厂是发展核武器首先立功的地方，问题要解决好’的指示，根据现在可以预测到的任务，二二一厂第一代核武器的生产，大体上只能维持到XXXX年左右。”“从现在起，对该厂就应采取逐步收缩的方针。”“该厂地处高寒，职工离退休后，必须异地安置，宜采取分散和集中相结合的办法进行安置。分散安置离退休人员异地安家，凡自建住房的实行自建公助，产权归己的办法。”“集中安置，主要建设杨家庄[①]安置基地。”要求厂提出具体实施方案上报。1984年新领导班子上任后，一些长期积累的问题暴露出来，老职工想回内地安置，年轻人感到工厂前途不明。二二一厂向何处去？职工热切盼望二二一厂的问题能在新的形势下，如同重视解决陕北、苏北老根据地的温饱那样予以关心，作为特殊企业、特别地理环境、特定历史条件下形成的问题，采取特殊政策加以解决。在1985年部工作会议期间，国防科工委、部党组领导多次听取厂的汇报。根据部工作会议精神及领导的指示精神，经厂、矿办公会议研究，厂企改办起草上报的《二二一厂保军转民，精干收缩几个问题的报告》提出：“确保军品，加速转民，精干收缩，积极开拓，就地转产与东移并举，逐步形成军民结合、内外结合开拓性企业”的发展思路。再次向部领导汇报时，部领导指出：“军是靠不住的，早晚要挨这一刀。要彻底转民，下决心转民。”并要求厂提出几个方案上报。领导提出了要彻底转民，可国防企业在高原无军品、技术队伍不稳，而彻底转民，企业也难以走出困境。对此，我们感到困惑不解。在离京前，我们只能再次向主管部领导请示如何上报方案，部领导在谈话中

① 杨家庄指西宁市二二一厂生活区。

说："4 月 30 日，国防科工委领导表示：二二一厂一部分转到 XXX 厂，然后撤点。"初听到这样的说法，还不以为然，认为这只是部门的意见，还不知道中央会怎么定。回厂后，首先召开党委常委会进行了讨论，受常委会委托，我组织厂、矿、党、政几个办公室主任一同研究，提出了五个可供选择的方案供常委会讨论。在常委会研究过程中，一位上级领导对我们说："不报两个方案，我们不收报告。"常委会经过多次认真研究，最后形成"坚持改革，勇于开拓，确保军品，加速转民，精干收缩，到 1995 年职工压缩到 3000 人"的第一方案。常委会倾向第一方案。同时用简短的文字，提到在完成 XXX 生产后，撤点销号的第二方案。8 月，厂党委以绝密文件，上报了《关于二二一厂今后方向的请示》报告。当时上级已下文，二二一厂实行厂长负责制，厂长成为企业的中心，党委是企业的核心，究竟两个心如何融合为一条心？厂长负责制如何实施？当时也是众说纷纭。在涉及厂、矿前途方向的大事上，未能提交厂、矿办公会议讨论，从程序上讲是件非常遗憾的事。10 月，全国人大常委会委员段苏权、吴仲华、胡荣贵来厂视察，再次将请示报告交由他们带给中央。报告很快转到中央最高层。1985 年 11 月 8 日，中共中央总书记胡耀邦在报告上批示："我不懂这一行，是否要考虑他们提出的问题，请爱萍同志酌处。"11 月 21 日，张爱萍同志作了长达 927 个字的批示，指出："二二一厂在我国核武器的研制和生产工作中，在科学家们共同努力下，作出了特大的贡献，在发展我国核武器方面建立了历史功勋。""我个人意见，同意采取第二方案所提的原则。""除继续留下工作外，均按从哪里来，回哪里去安置或离退或工作。""既照顾了作出过特殊贡献的人（只此一次！）又同留下青海高原金银滩现地区的经费相差无几。而好处是一次彻底解决了问题。"批示中提出了撤点销号几条具体意见，成为国家计委、国防科工委向国务院、中央军委上报文件的基础。时任国务院副总理的李鹏在国家计委、国防科工委向国务院、中央军委的请示中作了批示，胡耀邦、赵紫阳圈阅同意。国务院办公厅、中央军委办公厅批转了国家计委、国防科工委《关于撤销核工业部青海二二一厂的请示》的国办发（87）40号文件（简称40号文件）。文件提出：“不到离退休年龄还可以继续工作的职工，一部分可利用部分设备、资金到江苏、山东等省的城镇合资联营兴办企业。其余人员，除核工业部内尽量消化外，比照军队干部转业的办法，按从哪里来，回哪里去的原则，由国家统一分配到原调出单位所在地区安置工作。”“已经离退休和将要离退休的职工共4878人，一般要安置到原调出单位所在地区或原籍、父母或子女、配偶所在地城镇”，文件为职工安置提供了多种渠道。

2. 忧虑与担心

1987年1月，青海省省长宋瑞祥，约我和张书记到他办公室传达了张爱萍的批示，希望我们：“做好职工思想稳定工作。一定要快办，把职工安置好，把基地利用好。”在回厂的路上，我思绪万千，感受到从未有过的迷茫。原想“118”任务的到来，可能带来厂撤点销号的转机，现在看来已不可能了。但基地如何撤，如何安置职工还存在一线希望。老的肌体消亡了，还可以产生新的基体。青海一家国防企业就是采取向内地搬迁的办法解决撤点问题的。从40号文件一开始传达，我就是以这样一种心情去面对的。221人将面临一场利益大调整的严峻考验。这是我一生中遇到的最痛苦、最艰辛、最不愿意看到而又发生了的事情。种种的担心，忐忑不安的忧虑，重大的责任一下子压得我喘不过气来。那一夜，我没有睡好，仔细地回想着省长向我介绍的一切。但中央决心已下，无论前面道路如何艰难曲折，我们一定要按中央的要求把事情办好。在第二天召开的厂、矿办公会议上通报了情况，会场一下子像开了锅似的，大家纷纷议论："过去创业时，精神上有支柱，工作上有奔头。现在是拆庙搬神，各自找水吃的时候了，思想散了，工作难办，生产上难免不出事故。"种种忧虑与担心也提了出来：担心厂形势局部失控，"118"任务出现事故，成为历史罪人；担心职工难以安置好，下不了山，长期挂在这里；担心"118"任务与撤厂关系处理不好，影响安置进度；担心基地利用不好，成为一片废墟。思想上想不通，忧虑和伤感一时吐露出来，应该说是一件好事，真是不吐不快，吐出来心情舒畅些。参加过讨论厂上报文件的同志听到这样结果，思想上或多或少有了一些准备，但结果真正出来了，感情上一时也难以接受。而第一次听到撤厂消息的同志，情绪上更激动，言语上更刺耳些。更何况这是自己钟爱的事业，曾为之奋斗几十年并作出重要贡献的厂，现在要撤了，在议论中说几句不中听的话，也是情理之中。但作为厂长，心中有多大的委曲和不理解，也不能有丝毫表露。我借上卫生间的机会，打开水龙头，让冰冷刺骨的水，冲刷去心里的伤感，流淌出那瞬间的惋惜。由于参加过上报文件讨论的同志有了一定的思想准备，议论中面对撤点销号，对如何贯彻好中央精神，提出了不少好建议。有的说："撤好厂的关键，是要把职工安置好。""职工要相对集中安置，一定要成立留守处，管理离退休人员"有的说，"要办好这件大事，要有一个好政策，要有资金保证。"还有的说："厂的权威性不够，难以办好，希望上级派工作组来。"综合大家的建议和设想，撤点销号工作的轮廓显现出来。最后，我提出：会议只是先议论，内容暂不外传，当前各级领导要全力抓好"118"的研制任务，待文件正式下来后再进行部署和向下传达。

3. 只能这样办

1987 年 3 月的一天，二炮技装部栗副部长受张爱萍委托，只身来到二二一厂考察。先期得到的信息是来考察XXX任务进展情况。下午6时许，栗副部长乘一辆军用越野车来到厂招待所，我和陈总工程师、任副厂长走上前去一一握手，送他到二楼东头房间休息。随来的孟助理介绍，这次栗副部长是受张爱萍委托，来厂了解调整情况的，并叫我们准备一套厂、矿领导和技术干部花名册。看来原来的信息有误，我马上打电话给办公室，叫张书记来招待所一同陪同，同时调整了栗副部长在厂的活动安排。第二天栗副部长与厂、矿领导见面，听取了厂民品开发进展和厂调整的想法和建议。希望上级把二二一厂当成财富，而不是包袱，调整利用好。调整宜采取在经济发达地区联合建厂兴办企业，以大集中、小分散的模式安置职工，职工下山到河北廊坊市或山东省及江苏省安置2500人，成立留守处负责离退休人员管理。根据目前市场的预测，40号文件中提到的财政部安排2.5亿元资金实现上述规划肯定不够，希望根据联营建厂和职工及离退休人员安置的实际，增加拨款和贷款。厂将进一步加大开发常规武器战斗部开发力度，拓宽常规武器市场，利用这次“118”任务，形成跟踪、研制、批量生产常规武器战斗部的能力；利用青海盐和电力资源优势，开发氯碱工程。在听完汇报后，栗副部长首先转达了张爱萍副秘书长对厂全体职工的问候：“张爱萍非常关心厂的调整。厂的调整工作是一件很复杂的事，这次叫我来了解了解厂的情况。二炮对在河北建厂很有兴趣。炸药部件产品可否在远一点的地方建厂，而两个生活区建在一块？你们可以研究。”我和张书记陪同栗副部长参观了一、二、三、四分厂和三、四、六、七厂区，深入了解厂的生产能力。在参观过程中详尽地介绍了厂先进的生产工艺和装备。在四厂区环境试验工号，“118”产品环境试验正在紧张进行，一位工程技术人员反映：怕下了山难以发挥技术专长，到底去哪里心中没有底。栗副部长说：“厂里已有详细安排，你们会有用武之地，也会得到妥善安置的。”在栗副部长离厂时，还有许多心里话想向中央领导反映，我们写了一封长信，请他带给中央军委主席邓小平同志。没过多久，栗副部长转告我，小平同志认真看了你们带去的资料和信，沉思了一会儿说："可惜是可惜。15年打不起仗来，就是要压缩，也只能这样办。"听到小平同志也发了话，我们对保留二二一厂，不再有什么幻想了。一心一意按中央的部署和要求搞好厂的撤点工作，实现厂的调整，安全、平稳的软着陆。

4. 草原震荡

六月的草原，到处散发出芬芳的气息，天空蓝得像大海，使人恨不得钻进去沐浴一番。一天，我走在上班的路上，离休干部老于急急走到我面前，带着疑惑的口气说："厂长，听说中央下达了撤销二二一厂的文件？"我急忙说"你从哪里听到的？""XXX在省委工作的儿子说的，他还看到了这个文件。""厂没收到文件。"我这一说，老于的话匣子顿时打开："听说是厂打的报告，离退休人员要交地方管理。"他长长地叹了一口气说："干了几十年的核武器工厂就这样散了，太让人寒心。"带着难以理解的伤感，老于向我提出一连串的"为什么"，我不便细说，也无法解释他提出的问题，只能对他说：文件会很快下来，看看文件到底是怎么说的。说完后，我加快步伐来到办公室，拨通了军工局刘局长的电话，通报了以上情况。刘局长说："40号文件已经下来了，我们跟省委办公厅打了招呼，暂不要给你们矿区发文件。你们听听有什么反映，待部领导来厂向你们传达。"放下电话，抬头向窗外望去，马路对面的科技馆大楼，似乎在晃动。失望、伤感、惋惜的情感又一次涌了上来。秘书的敲门声把我从沉思中唤醒，我签完文件又到车间去转转。撤厂的消息很快传开，各种传言沸沸扬扬。厂情的急剧变化，职工心里一时失去了平衡，跌入失落感的深谷。人们以惶惑的心情，打探着未卜的前程。6月22日上午，在厂招待所二楼会议室，军工局刘杲局长召开了厂、矿领导会议，我宣读了国办发（87）40号文件，刘局长宣布：厂、矿贯彻40号文件的工作，从今天起正式开始了。他在讲话中，要求领导把思想统一到文件精神上来，要有计划，有步骤，有领导，有秩序地贯彻落实，实现撤点销号的软着陆。文件目前暂不向外传，待文件到厂后，有步骤地向下传达。厂要做好撤厂期间文件、资料的收集工作。会后刘局长语重心长地对我说：你一定要未雨绸缪，首先把撤点工作规划好，有了规划就有了轨道，有了轨道才能行动。要紧紧攥住这根缰绳，千万不能使局面失控，更不能因一些人急于下山，急于求成，捅出什么大娄子。总之一个“稳”字，要稳中求快。7月24日40号文件到厂，开始逐级向下传达。

5. 胜利曙光

为迎接“118”技术鉴定会的召开，厂召开了动员会。各研制、生产单位，领导立下军令状，实干、巧干一个月，实现无线电引信的技术突破，完成各项环境实验、总体结构设计和技术文件准备，确保鉴定会如期召开。订货单位领导也来厂视察，看到紧张进行中的“118”产品环境试验和引信机研制技术难点已取得突破，质量保证系统运转有序，他们高兴地同意鉴定会如期召开。7月28日，“118”技术鉴定会在二二一厂举行。会议充分肯定了二二一厂应用核武器技术、设备、定型的考核工程系统、先进装药工艺、多项大项环境试验、新研制的无线电引控系统等，均取得满意效果。“118”产品各项技术指标，均达到规定的要求，同意通过部级鉴定，可正式投入批量生产。技术鉴定会的成功召开，标志着厂已全面掌握了常规武器战斗部，从弹头设计到静爆试验技术，从起爆方式到爆轰测试技术，从无线电引控系统设计、生产到无线电引信机爆高的精确控制。正是由于这些关键技术的超前预研，技术决策的民主化、科学化，保证了“118”总体目标的实现。实现了常规武器战斗部的武器化。地地导弹常规战斗部的开发，无疑已看到了胜利的曙光。这是221人在极其困难的环境中，在中央和部、局的关怀支持下，在较短时间里，用智慧和力量，用忠诚和奉献奏响奔向新征程的一曲凯歌。

6. 历史责任

8月22日，蒋心雄部长、李定凡副部长、刘书林顾问、国家计委、国家经委、国防科工委业务部门领导率部司、局领导，来厂宣讲40号文件。蒋部长在西宁市会见了青海省主要领导，就禁区安全和基地利用交换意见。省主要领导表示：“拥护中央决定，省委将认真贯彻40号文件。”“撤厂期间，保卫好基地安全，厂禁区不得贸然侵犯。”“厂的生活供应一如既往。”谈到基地如何利用时，省委领导说：“省委主张二二一厂留下的方针，把现有的570平方公里厂区规划为高新技术特区，二二一厂转民后职工一切待遇不变。”蒋部长会见了省武警总队领导，就禁区武警四支队承担的警卫任务交换了意见。部领导进厂后，听取了厂、矿领导的汇报，召开处职以上干部会宣讲40号文件。蒋部长在处以上干部会上说：“由于世界和平和战争观点重大转变，我国国防建设指导方针，从临战时期的国防建设转变为和平时期的国防建设。”“随着国防建设战略方针的转移，我国核武器研制、生产任务布局也要进行调整。撤销二二一厂是中央经过调查研究，长期酝酿，反复论证，慎重作出的正确选择。”“任何事物都有一个发生、发展、消亡的过程，这是不可抗拒的客观规律。历史的使命，历史任务完成后，就要重新开创崭新的局面。”蒋部长要求领导干部要“站得高一点，考虑全面一点，从全局去看。服从国家的整体利益，忍痛作出一些牺牲，付出一些代价。在这个问题上，特别是领导干部要提高认识，转好感情的弯子，理顺情绪，从感性认识上升到理性认识，理解40号文件的积极意义。”蒋部长着重指出：“撤销二二一厂是一种特殊的调整，是动态的调整，是生产发展性的调整，是一个渐进的过程。我们个人的前途、利益和厂的调整工作、厂的利益紧紧联系在一起。应该把职工的情绪，职工的目标，职工的行动统一到团结一致，增收节支，为厂积累更多的资金上来，为把职工安置好，创造更好的条件。”“要正确对待功劳，从整体上讲，我们的确作出了贡献，党中央是肯定的，人民是不会忘记的。具体到每个人，应该正确估计自己的作用，把自己摆到一个恰当的位置上。”“要珍惜二二一厂的集体荣誉和历史功勋。坚持边生产，边调整，逐步收缩转移的方针，为调整好作贡献。”第二天，厂、矿分别召开了离退休人员、技术人员、工人座谈会，有的同志情绪激动地说：“过去是突破原子弹、氢弹，现在是滚蛋、完蛋。”“三年自然灾害没饿死，林彪‘二赵’期间没整死，撤点销号可能折腾死。”有的说：“国家在极其困难的情况下，老一辈革命家建立起来的基地，现在国家富裕了还保不住这样一个厂吗？”“为之奋斗几十年的事业，中国人民利益所在的单位，就这样撤了吗？”部领导在会上结合40号文件精神，耐心地做好职工思想疏导工作。部领导深入车间班组，看望坚守生产一线岗位的工程技术人员、工人和干部，察看了三厂区高能炸药存放库房，走访了驻厂部队。

职工如何安置好，成为广大干部职工思考、议论的中心。厂向中央打的报告成为人们猜测、质疑的焦点。部领导的讲话，在干部和职工中产生了积极影响。厂、矿领导开始冷静下来，从感性思维转向理性思维去思考，积极理解文件的意义。使我们真正感受到，厂面临的严峻形势，特别是“118”任务完成后，企业将面临巨额亏损，厂、矿的维持会越来越困难。这些问题不彻底解决，将越拖越困难，越拖越被动。而40号文件为老有所归给予了特殊照顾，是一次难得的机遇。国家同意在经济发达地区联营办厂，提供专项低息贷款，职工下山有了政策和资金的支持。40号文件传达后，“一江春水向东流”，已成为职工思想的主流。9月5日再次召开处级以上干部会，我以个人在草原创业的经历，畅谈了学习40号文件的体会，充分认识厂、矿调整的艰巨性、复杂性和长期性，把认识统一到40号文件精神上来，贯彻到撤点销号的全过程。虽然二二一厂要撤销了，但决不能抛弃自己的灵魂所在，要以高位的思考、核的意识、特殊的措施，克服消极等待、悲观失望、急于求成的情绪，稳中求快，渐进式推进厂撤点各项工作的完成。做到边开发、边生产、边调整，做好职工思想的疏导工作。到群众中去，感受群众的需要。依靠群众，创造性地把厂、矿调整好，这就是我们全部感情所在，这也是历史赋予我们的责任。撤厂时期各种诱惑可能要多一些，领导要保持清醒头脑，干干净净做事，清清白白做人，愉愉快快地离开草原。在会上澄清了一些不实的传言，根据部领导的要求进行了工作部署。我也明白厂情的急剧变化，使人们一时失去了共识，从而产生一些误会和冲突，引发了相互疏远和矛盾。厂长可能成为风口浪尖的焦点，我一定要保持清醒头脑，忍辱负重、任劳任怨地去工作，误解总是会化解的。

7. 科学规划

二二一厂的撤点销号，既不是一般军工企业的转民，也不是濒临倒闭企业的破产，而是一个建立过历史功勋的企业，正在进行着第二次创业，取得重要进展时刻的一种特殊模式的战略转移，是特事特办的国家行为，是职工利益的一次大调整，也是涉及面广，政策性强的一项社会化的系统工程。我们必须本着科学转移、依法转移、安全转移的要求，以职工和离退休人员安置、核设施退役处理、基地移交利用三大任务为目标，实现二二一厂撤点销号的软着陆。

人员安置包括职工和离退休人员及随迁家属共三万多人。有进安置点的，也有在全国 27 个省市 532 个县市分散安置的；既有内调职工的工作安排，又有离退休人员老有所养的安置；不仅要照顾离退休人员“以老带小”（即工作子女跟父母走），还要考虑到年轻职工“以小带老”（即工作子女带父母走）；不仅有全民职工，而且有大集体职工、伤残人员、抚恤户、家庭户、社会无业人员的安置。职工既是被安置的对象，又是撤点销号三大任务的参与者。处处、事事都牵动着职工的切身利益，各种矛盾交织在一起，稍有不慎，职工就会产生心理上的不平衡，引发种种埋怨和不满。我们以如履薄冰的心态开始撤厂工作。

撤厂工作经历了思想上和组织上准备、方案与政策的制定、方案的实施三个阶段。中核总公司成立了以李定凡副总经理为组长、刘书林为顾问、有关司、局领导参加的调整协调小组和办公室（设在军工局）。厂、矿成立了科研生产和撤厂工作两条线的领导班子，设立调整工作办公室，负责厂、矿内外协调和政策的调研，下设职工安置、核设施退役处理、基地移交三个领导小组与办公室。职工安置是撤厂中的重中之重，又分成集中和分散安置两大块。建立合肥、淄博、廊坊、西宁四个集中安置办事处，负责各集中点的安置工作。分散安置，按地区设立安置小组，形成以块为主，条块结合的矩阵式全国分散安置网络。为保证撤厂期间禁区安全，组建了包括驻厂武警四支队、民兵、公安人员的军民治安联防指挥部。保密图纸、资料、文件的整理上交，设备器材物资的处理，有毒有害物资的清理移交，历史遗留问题的政策落实等工作，按原有组织系统进行。我们先后制定了《调整时期思想政治工作大纲》《调整时期加强人、财、物管理规定》《撤厂期间机关经济责任制考评和分厂、处目标管理与任务完成奖金挂钩办法》。调整方案和政策的调研紧紧围绕着安置模式、项目、地点和安置政策一同进行。先后历经了“从哪里来到哪里去”的大分散安置；扛着旗帜下山建点的“大集中，小分散”安置；成建制的整体移交；最后形成带嫁妆“相对集中，合理分散”的安置模式。我们以好项目带安置地点，较好的安置地点带项目的原则，先后考察了 10 个省市 20 多个经济较发达城市的拟建和扩建项目。最后确定在河北廊坊市、山东淄博市、安徽合肥市、青海西宁市的经济效益较好的企业，新建、扩建项目及在市政府部门安置职工和离退休人员。结合部队和援藏人员安置的有关政策和规定，本着高、核、特的特点起草了两个安置办法，测算了分散安置离退休人员，自行解决落户和自建住房补助费的标准。

8. 民族运动会

9 月的一个星期日，银滩草原晴空万里，阳光明媚。在水厂开阔平坦的草原上，彩旗飘扬，帐篷林立，各种流动服务小车，丰富多彩的日用百货食品，身着节日民族服饰的藏、蒙、回、土、哈萨克族群众和汉族同胞，喜气洋洋地聚集在一年一度的赛马运动会上。赛马运动是广大牧民十分喜爱、具有浓厚气息的民族运动。它已成为草原牧民的传统民族盛会。不仅是可以展示骑手的胆量和骑术的竞技，也是增进民族团结，培养勇敢、顽强的意志，增强体质的运动，更是全家团聚、朋友相逢的喜庆日子。改革开放以来，国营牧场推行联产承包责任制，放宽自养牲畜政策，改良品种，围栏建立草库仓，生活有了很大改善。有的牧民购置了风力发电机、电视机，摩托车已成为青年牧民的主要交通工具。牧民完成了从游牧帐篷生活向定点建房的重大转变。运动会上近百名少数民族和汉族骑手，牵着赛马在千米以外一字排开，昂首等待，显得十分庄重、稳健。牧场金场长向我们介绍说：为了参赛，骑手们提前一周就开始减少给马喂料，比赛前二天不再喂饲料，喝水的次数也减少，让马在赛前消耗掉一些脂肪，到时跑起来才能身轻如燕。一声长长的口哨声划破沉静的草原上空，比赛开始了，两千米男子跑马项目最为激烈。随着指令枪响，马蹄翻滚，阵阵加油声此起彼伏，热闹异常。而走马比赛，则是另一番情景，矫健、轻快的马步，以强烈的节奏感，给人一种美的感受。搞笑的事出现了，一匹棕色、剽悍的马，走到半路停了下来，任凭主人怎样催促，就是不动甚至离开走道。主人只得下马，牵回到正道上继续走下去。女子跑马比赛，引人注目。身着艳丽服装的女骑手，纵马奔驰在开阔的草原上，犹如朵朵彩云，随风飘荡。欢呼声和马的嘶叫声交织在一起，汇成一片欢乐的海洋。驻厂武警战士的参与，更增加了竞争的激烈性，展现出军民情同手足的深情和共同维护好禁区安全的决心。竞赛的前三名优胜者，给赛马佩带大红绸彩球，奖给绸缎。马的主人回家后，全家聚集在一起饮酒、吃手抓羊肉，热热闹闹地庆祝一番。我们应邀到昂巴副场长（藏族）定居的新砖房作客，主人邀请我们盘腿坐在炕头上，端上香喷喷的奶茶，刚宰杀的羊做成鲜美的手抓羊肉、肉肠、血肠、并备有馍和白酒热情款待客人。昂巴副场长不时叫他的孙女端上酒盘一一敬酒，不能喝酒的，也要按藏族礼仪用中指点一下酒，向上挥弹，敬天敬地，表示谢意。大家谈笑风生，一派乐融融的景象。

9. 班禅视察

十月的草原渐渐转黄，潺潺的小溪，成群的牛羊，在蓝天、白云衬托下祥和、宁静，如诗如画，生活工作在这里的人们纯朴、诚实、自信、自豪。1987 年 10 月 16 日，是我国第一颗原子弹爆炸成功 23 周年的日子，班禅额尔德尼·确吉坚赞副委员长视察了二二一厂牧场。班禅11岁时，曾在厂区内的麻匹寺生活过，这次是故地重游。9月24日和10月1日，拉萨一伙民族分裂分子煽动制造骚乱。正在青海视察的十世班禅在青海省人民欢迎会上，义正词严，谴责少数分裂分子破坏安定团结的行径，受到藏族同胞的拥护。

十世班禅1938年出生，俗名贡布慈丹。三岁时，在藏传佛教独特的灵童转世制度中，他被班禅堪布会议厅选定为十世班禅转世灵童，迎往青海塔尔寺学习，从此开始了他传奇的一生。1951年13岁时，班禅率领堪布厅官员到北京，拥护中央对西藏的“和平解放”。中央委任他为第二届全国政协副主席、第二届全国人大常委会副委员长。“文化大革命”中，他受到迫害，九年后迎来了春天，中央重新任命他为第五届全国政协副主席，次年又被增补为全国人大副委员长。

10月16日下午3时30分，阳光明媚，天高气爽。我和张书记来到海晏县招待所二楼会议室。身材魁梧、红光满面的班禅从沙发上起身，省人大副主任、省佛教协会主席夏茸尕布活佛走上前来说：“这是二二一厂厂长和书记来接你啦！”满脸笑容的班禅一一和我们握手。我们按藏族礼仪，献上雪白的哈达。班禅满怀深情地说：“你们奋战在草原，辛苦了！这次是顺便到你们牧场看看。请代向全体职工、离退休员工、驻厂部队转达我对他们的问候。”XXX部队徐部长、906团康政委一一向班禅敬礼致意。班禅看了看手表说：“时间不早了，现在走吧！”下楼来到门口，这时楼下已挤满了热情欢迎的藏族牧民。我们绕道出了大门，坐上汽车急速行驶，车队紧紧跟随。经过六号哨所时，我们打了个手势，叫在哨所迎接的厂、矿领导坐车跟上。车队进入六号哨所后，矿区公安局摩托车开道，我们的汽车紧随，其后是武警和省公安厅车队，引导着84人的队伍。车队途经三分厂、交运处、机动处、电大分校、技工学校、党校、公安消防队、二分厂，来到离麻匹寺不远的塔塔滩草原牧民生活区。九顶蒙古包围成半圆形，中间最大的一顶蒙古包前，铺着长长的金黄色布毯。40 多位身着节日盛装剽悍的牧民骑着骏马，排在道路两旁，手举彩旗，在大风劲吹下，奏起了欢迎的乐章。身着民族服饰的藏、蒙、土少数民族群众载歌载舞，迎接班禅的到来。车队在黄布毯前停下，身着金黄色缎子藏袍的班禅与父母尧西古公朗桀和尧西索朗卓玛走下汽车，走在黄布毯上低头进入蒙古包。我和张书记一同步入蒙古包，班禅坐在正中铺着金黄绸缎的长沙发上。长长的茶几上，摆满手抓羊肉、油炸果子、香蕉、烟和酒。班禅叫我们坐在右边班禅父亲身旁，左边坐着夏茸尕布、班禅母亲和省民委主任才旦。省人民政府矿区办事处办公室副主任索南木（藏族）、牧场副场长昂巴（藏族），双手托着雪白的哈达弯着腰，虔诚地献给班禅，班禅接过哈达，以藏族礼仪回敬。班禅望着精美的蒙古包问："这蒙古包是你们生产的？"

"小的是厂生产的，大的是外购的。牧场现有牧工 1000 多人，去年牧场盈利 20 多万元，牧工月收入 100 多元。"我一同汇报了牧场情况。

"牧场有多少少数民族？"班禅很关心少数民族问题。

"九个少数民族共 400 多人，还有一所寄宿制的民族小学，学生近 200 人，少数民族学生 70 多人。"我回答说。

"他们这里民族政策落实的好。"夏茸尕布插道。

"那就好，好。"班禅脸上露出了笑容，点点头。

班禅关切地问："你们要撤厂？"

"根据国务院、中央军委文件，准备撤厂转移。"

"到哪里去？"

"就地转产与东移相结合。目前实施方案和政策细则正在调研中。"

“你们是青海最大的厂吧？”

“不是，在职职工 7500 人，加上离退休人员近万人。厂区占地 573 平方公里，设有省人民政府矿区办事处，公、检、法、司、民政、商业、粮食、文教、卫生等 13 个部门。”我详细汇报说。

班禅加大了声音说：“不小啦！相当于一个小国家。”大家不约而同地笑了起来。

“你们厂生产什么民用产品？”

“现在生产开发的民品有：电视台用的 6L 双环发射天线，地面卫星接收机，变频机，地地导弹战斗部等。”

“你们厂还搞无线电？”

“厂有锻造、铸造、精密机械制造、炸药成型、加工、无线电产品研制、设计、加工和装配及军品的设计、环境试验和爆轰试验。”

“你们环境污染是如何解决的？”

“厂设有安全防护处，负责厂、矿安全监察，剂量防护和环境监测。定期对空气、水质、土壤、牛羊内脏取样检测，均控制在国家规定标准内。厂区设有放射性废物存放的地下库房，高放射性废液曝晒池，水蒸发后放射性废物，收集运往国家后处理场。生活污水流经污水处理厂，处理达标后排放，至今未出现超标事故。”

班禅又问起职工生活情况，来高原是否适应，撤厂职工情绪怎么样等，我一一做了回答。谈话进行了十多分钟。班禅起身走出蒙古包。我向夏茸尕布副主任提出，牧民要求进行佛事活动，夏茸尕布说：“班禅已经同意了。”班禅走到厂、矿领导面前一一握手，合影留念。班禅拿出一盒钢笔和半身像图片说：“感谢你们热情接待，送给你们一点小礼品。钢笔上刻有我的名字，以作纪念。”我接过礼品，握着班禅的手说：“谢谢。”这时，不远处的麻匹寺，在冬日夕照的辉映下，显得格外高大。天气转冷，风力加大，数百名少数民族牧民进行了圣洁、吉祥如意的佛事活动。牧民个个神情激动，充满喜悦，沉浸在无比幸福之中，这场面成为他们永生难忘的记忆。下午6点许，车队向金滩草原方向驶去，汽车迅速从视野里消失。1989年1月28日，班禅在扎布伦寺为重修五世和九世班禅灵塔主持开光仪式，心脏病发作，在西藏日喀则圆寂，年仅五十一岁，未能实现他第二年重游银滩麻匹寺的愿望。如今，在当年班禅停留的蒙古包处，修建了一座精美的白塔，以缅怀这位爱国佛教领袖。

10. 划归尝试

1988年6月的一天，接到上级电话，叫我速去北京，研究撤厂事宜。来到北京部招待所门口，遇上两位分厂工会主席，他们轻声细语地对我说："厂长，二二一厂要划归XX公司。一定要为职工说话，千万不要因划归，把合肥点给冲了。也不能因划归，上级不管我们了。"我直言不讳地说："40号文件下达后，多数职工不是希望相对集中安置吗？划归也许是一种可探索的方案，但二二一厂划归XX公司，只能是在原安置方案上的锦上添花。"上午一上班，早早来到陈肇博常务副部长办公室，李定凡副部长、刘书林顾问和军工局尤德良局长相继来到。陈副部长说："1988年初，核工业的24建筑工程公司，承包XX公司的一项大工程，感到我们这家建筑公司职工素质不错，施工质量也很好，想把该公司收归过去。当XX公司了解到二二一厂情况后表示：二二一厂不经考察，就可以全部划归XX公司。他们有项目、有资金、有管理，正在规划跨省市发展，这对二二一厂撤厂可能是一次机遇。有项目和资金，在城市安置职工有啥不好呢？他们催的很急，部里很重视二二一厂的事，这次叫你去与XX公司先接触。"陈副部长介绍情况。

"你这次去，思想要放开些，真心实意地去谈。"主管撤厂工作的李副部长补充。

“可以去谈。安置点工作不要停，跟对方说清楚。”刘顾问紧接着说。

“同意去。希望整体划归，应是原安置方案的锦上添花。”我当即表示。

最后陈常务副部长表示：“从感情上也不愿走这一步，但不能感情用事给人家顶回去。部里的出发点，就是对职工负责到底，如何发挥二二一厂优势，把职工安置好，继续为四化作贡献。部的态度，是作为一条途径认真考虑，不卑、不亢，也不傲慢，实事求是去谈。”晚上蒋部长等为我饯行。我来到部大楼门口前，在汽车前蒋部长亲切地问：“陈、李二位副部长跟你谈了吗？”

“谈过了。”进入蒋部长的小车。

“你这次去，实事求是地谈，热情地谈。”蒋部长说。

席间谈话轻松自由。话题从廊坊市建厂，合肥市安置，到基地的维持、利用，还谈到当前上涨的物价。蒋部长说：这次你到山海关去，按中调谈。XX 公司对你们去，有很大的热情，划归 XX 公司何尝不是一条路子。划归从感情上难以割舍，也不是不管厂了，但感情要服从于把职工安置好。李副部长深有感慨地说：“几位部长宴请一位厂长，在部里还是头一次。”最后蒋部长满怀深情说：“祝你这次去山海关会晤取得进展。”

11. 高看一眼

带着职工的希望，领导的重托，第二天我和厂办公室小黄乘车，下午来到山海关老龙头该公司疗养院。晚上周董事长来看望我们，共进晚餐。第二天的会晤开门见山，气氛融洽，周董事长表示：“XX 公司是中央抓的点。过去你们是一个了不起的单位，过来后也应该办成个了不起的单位。你们可以单独成立一个公司，搞程控电话交换机……在几个地方，办几个项目安置XXXX名职工，你们规划一下，争取三年内建成。”“我们的方针是：给项目，给资金，搞承包，自己管理自己，养鸡下蛋。”回到北京与XX公司赵副董事长等进行了多次友好、坦诚的会谈，达成广泛共识。他们表示：“非常欢迎二二一厂加入到公司来。现在正是开放、开发高技术的好时机，欢迎你们的干部到公司来看看。”当我谈到厂职工安置的思路和方案时，赵副董事长表示“赞成你们的意见。依据项目选地点，要充分考虑地点对职工的吸引力。合肥市是一个应该考虑的地方。廊坊项目要上，军品是你们的优势，也是最大利润所在。资金看项目，总公司定的项目，由总公司投资，你们建厂上项目，可以解决2亿～3亿资金。”在一次共进午餐中，赵副董事长问起，厂有没有其他名字时，我说：“在镀锌板项目与外商谈判时，曾使用过‘西北昆仑工业公司’的名字。”黄副总经理说：“有气魄，你们就叫XX昆仑工业公司。”其他领导表示赞同说：“好！就叫这个名字。”回到部，及时向部、局领导汇报，部领导表示：“对方公司有诚意欢迎你们去。如果同志们认真权衡后，划归有利发挥员工智慧，能把同志们安置好，职工又愿意去的话，可以划归。权衡不过去好，那就一块儿干。既不能把条件搞高了而丢了机会，也不能糊里糊涂，一些问题没研究清楚就过去，职工也埋怨。总之，要本着对职工负责到底的精神去办。”

回厂后，召开了党委常委会，厂、矿办公会和工厂管理委员会会议，对划归的利弊，进行认真、反复地分析和权衡。有利方面：有资金保证，有好项目，特别是汽车项目，有利于厂综合技术的发挥，合肥、廊坊安置点不变。该公司有较好的管理经验，工资福利比较好。不利方面：厂和职工割断了与核工业几十年的历史，XX公司不具备政府职能，职工分散安置、落户有困难。汽车项目虽好，立项有风险，是否同意我们搞汽车总成项目，技术干部有多少能去，心中没有底。职工思想观念、作风一时难适应等。分析来分析去，大家的结论是：利大于弊，同意有条件划归。其条件是，廊坊、合肥点不能变，一定要上汽车总成项目。待进一步接触后，请上级决定。由于上级划归工作快速推进，担心后续“118”任务吹了，贯彻40号文件以XX公司为主等，引发了职工情绪上的波动。厂、矿抓紧组成了党、政、工领导参加的谈判队伍，与对方提出的“二二一厂附加协议”进行逐条讨论，特别是项目和工资福利讨论得非常深入具体。对方明确表示：221工资中的地区类别工资、浮动工资、事业费等，三个月后全部纳入该公司标准。可以说他们对二二一厂真是高看一眼，真诚欢迎。

12. 取经学习

1988年9月8日晚7点，接到厂办公室小黄从北京打来的电话，XX公司邀请我和正在北京出差的张书记，一同列席XX公司党委扩大会。当时西宁到北京的飞机一周一次，火车又是隔日运行，我只能连夜坐300公里汽车赶到兰州铀浓缩厂，乘第二天清早的44次北线火车进京，卧铺早已售完，只能买上一张硬座车票挤上车，走到最后一节车厢找到一个座位。列车运行20多小时，凌晨来到山西距大同市40多公里的丰镇县，由于前方货车翻车火车受阻。真是越着急，越不灵。车厢里不断报出火车开出的消息，但一次又一次落空。直到当晚，始终听不到火车开出的确切消息，只好在车上熬了一夜。次日一早，我随旅客提着行李赶到县城，乘上一辆破旧的面包车，沿着颠簸的公路来到河北宣化火车站。由于前方受阻，这里也滞留了不少回京的旅客。火车一进站，人群拥向车厢，从窗户爬了进去，我也不知从哪儿来的一股劲，把行李从窗口递进去，跃身从窗户爬进了车厢，乘上开往北京南站的火车。挤站在车厢走廊里，汗臭味和各种异味充满车厢，夜深才赶到北京南站。第二天，我们列席了XX公司党委扩大会，会议确立了当年的生产、经营目标和措施，提请公司工厂管委会讨论。在会议中较系统地学习了该公司的包、保、核经验，并对公司在北京顺义拟建的汽车项目进行了实地考察。经过部领导与XX公司多次会晤，厂与该公司进行了八次友好、坦诚的会谈，终因国家压缩基本建设的大气候，新上汽车项目受阻；该公司实行上缴利润递增包干，所得税难向合肥市让利，原定的合肥集中安置点难以实现；加之在贯彻40号文件上的分歧，历经五个月的划归工作，终因条件不具备而终止。这在一定程度上滞后了撤厂的进度，但该公司的包、保、核经济承包、经济责任制考评经验，在厂的调整中发挥了积极地促进作用。

13. 有惊无险

“118”任务交付迫在眉睫。无线电引信机必须尽快调试出来，以便进行批量抽检。一分厂系统室决定，抽调几名技术骨干，开辟第二调试现场。外协厂研制的某元器件，一时数量上满足不了生产需要。厂当机立断，改变供货单位。派出分厂质管科领导和技术人员，与研制厂合作攻关，试制出合格的元器件，完成了技术定型，保证了无线电引信机生产需要，为产品交付后的维修创造了条件。调试技术人员日夜奋战，调试出多台引信机一次通过抽检，为实弹试验完成了最后准备。1987年11月，满载“118”科研成果和职工的希望，试验产品火车专列从银滩出发，驶向太原卫星发射基地。车厢里欢快的谈笑声和沉甸甸的责任感交融在一起。引控系统李主任设计师陷入了沉思，从大年初二开始的10多天，他们日夜奋战，度过了多少不眠之夜，无线电引信机通过了部级技术鉴定。而元器件的可靠性将面临实弹飞行的严峻考验，他感到犹如一块石头，压在心头。餐车张管理员一声“开饭啦！”老李才从沉思中惊醒。火车运行两天，来到山西雁北的一个小小火车站，由于缺乏起重设备，20多名年轻的作业队员把越野汽车从火车平板车上抬了下来，大轿车、卡车陆续从平板车上开了下来。产品、装备和生活用品，分别运往营地和技术阵地。第二天这里下了入冬以来的第一场大雪，足足有一尺厚。雁北地区寒风刺骨，我们购置部分棉大衣和棉鞋御寒。准备工作顺利完成，根据气象资料，发射窗口选定在19日下午4时。那天清晨，湛蓝的天空，飘浮着朵朵薄纱似的青云。队员们精神饱满地来到发射阵地，进行发射前的各项准备。满载弹体和弹头的密封汽车，缓缓驶入发射阵地。身着绿色工作服的战士，准确卸下弹头。在旅长指挥下，弹头与弹体进行水平对接。导弹在托架支撑下，缓缓地垂直竖起，平移到发射架上。一辆辆满载燃料推进剂的汽车驶入阵地，身穿防化制服、面戴防毒面具的战士接通导管，将推进剂注入弹体。耸立在发射架上的导弹，如同即将出征的勇士，昂首直刺苍穹蓄势待发。我和吴副总来到离发射架195米的2号指挥所（头部遥测指挥所），9号指挥长由一分厂吕副厂长担任。1号总指挥长发出口令："9号进入零前30分。"9号指挥长回答："明白。"并发出指令："零前30分，XXX装置打开。"年轻的技术员小周，按9号指挥长的口令，冷静、准确地操作旋扭，指示灯打开。随着启爆最后几分钟的到来，异常情况出现了，零前3分钟时，XX装置第一次操作，指示灯不亮，操作不成功。头部遥测指挥所气氛顿时紧张起来，9号指挥长发出第二次、第三次口令，操作均未成功。9号指挥长向我们报告："是否延后10分钟。"我和吴副总当即表示："同意。"9号指挥长立即向1号指挥长报告："XX装置出现故障，请求延后10分钟发射。"1号指挥长说："同意。"小周随即搬出第二台仪器，操作了三遍，仍未成功。此时，我极力想从过去试验的记忆中搜索一点线索，以便提出一点解决问题的办法，但头脑中却是一片空白。我和吴副总眼神凝聚在一起，当即向

9号指挥长说:“向1号报告，停止发射。”9号指挥长向1号报告说:“停止发射。”1号指挥长表示同意。头部遥测指挥所内一片寂静，人们的脸色低沉，神经骤然绷得很紧。半小时后召开试验领导小组扩大会议，葛总指挥宣布会议开始后说:“二二一厂操作能不能证明XX装置没打开呢？”吴副总回答“没打开。”葛总指挥果断地说:“现在只能卸出导弹燃料，分解弹头。二二一厂尽快采取措施，排除故障。什么原因造成的故障，望认真研究。”

“同意。”大家异口同声地说。

“王厂长，你有什么意见？”坐在对面的杨副司令员问。

“同意停止发射。我们将尽全力，尽快排除故障。”我马上回答。杨副司令员接着说:“看来，大家都同意这个意见，我也同意。说明今天同志们的操作和处理是正确的。在试验中暴露出问题，应该说是件好事。下步在卸出燃料和弹头分解中一定要注意安全。”走出会场，望着夜晚阴暗的天空，黑云密布，一颗星星也看不见。我和吴副总回到头部遥测指挥所，传达了会议决定。除留少数同志处理现场外，其他人员回营地。在营地里，队员们三三两两在一起分析查找原因。在作业队领导小组会上，部队计划部张部长和军工局陈常宜副局长、宋家树总工程师参加了会议。会议决定：成立以任副厂长为首的弹头安全分解小组，确保弹头安全分解，做到万无一失。成立以吴副总为首的故障分析小组，尽快找出故障原因，采取措施，确保下次发射试验成功。设计人员尽快赶到基地。会议进行到夜深12点，杨副司令员、试验基地沈司令员分别来到营地看望作业队队员，通报了第二天工作安排。我们表示:“为增加战士对弹头卸出燃料时的安全感，厂领导亲临现场，协助战士进行操作。”第二天一早在专列的餐车上，通报了情况，布置了下一步工作，着重指出：当前最重要的是稳定情绪，查找原因，以最快速度排除故障，保证下次发射成功。回到营地，传来基于安全考虑，原定的实弹飞行试验取消。对这突如其来的消息，我们以坚定的语气说："我方坚持试验，保证近几天内排除故障，采取可靠措施，确保发射成功。"中午时分，太阳高照，晴空万里。我和厂办公室宋副主任来到发射阵地，与已到场的发射旅参谋长握手，由于战士们沉着、稳健、有序地工作，卸出燃料的工作准备就绪。XX 基地技装部张部长走过来，亲切地说："王厂长，你们回去吧！请你们放心。""现在也没事，我们在这里看看，战士们可以放心工作。"我们直到下午 1 点半才离开。弹头安全运入技术阵地，在队员精心操作下，安全成功分解。故障分析小组和从厂赶来的设计人员对 XX 装置进行一系列试验，通过多次模拟实验和反复分析研究，第三天故障原因找到了。在这不平常的几天里，每次发射试验领导小组开会，我作为发射任务副总指挥，一直保持与故障分析小组的热线电话联系，及时在会上通报故障排除进展的新情况，以增强领导小组成员的信心。第三天下午，在试验领导小组会议上，经过充分的讨论，最终取得共识。会议认为：通过多次模拟实验，原因已经找到，所采取的措施切实可行，可以 100% 保证试验成功。会议倾向第二天发射。22 日晚传来消息，上级研究同意 23 日再次发射并指示：做好，做细，确保安全。我们连夜召开作业队扩大会议，宣布再次发射的消息。挂在大家心头上的石头终于落地，大家决心举一反三，查缺补漏，精心操作，确保发射成功。为迎接第二天发射，队员们早早地休息。

23 日清晨，太阳早早地露出了笑脸。发射准备有条不紊地进行，军绿色的导弹威武地耸立在发射架上。在冬日绚烂阳光的照射下，导弹像巨人，显得更加亮丽、多彩、壮观。我们在 2 号（弹头遥控）指挥所，对 XX 装置进行演练操作，获得成功。杨副司令员和葛总指挥看到两个指示灯都亮了，露出了笑容，握着我的手说："祝你们成功。""谢谢你们的理解和支持。"我回答。队员们静静等待“零”时的到来。夜幕降临，原本晴朗的天空，乌云密布，顿时下起瓢泼大雨，人们的心情又蒙上一层阴影，只好耐心等待。半小时后雨过天晴，倒计时开始，头部遥控指挥所一片寂静，只有仪器上的闪光点在不停地闪烁。我们静静等待3分钟的到来。9号指挥长发出零前3分钟口令，XX装置成功打开，大家面部绷紧的神经顿时舒展开来。1号指挥长发出“5、4、3、2、1，点火”口令后，导弹在深夜零时点火成功，随着隆隆的震天巨响，火光划破夜空，尘土滚滚飞扬，绿色火箭喷出一束白炽、红亮的火焰，托着“118”弹头缓缓升起。XX秒钟，火箭向北飞去，消失在茫茫苍穹之中，天空留下一道绚丽的白色烟迹。XXX秒火箭与弹头分离，XX分钟末区传来消息，观察到目标，弹头在预定目标成功爆炸。人们从各指挥所，从山坡，蜂拥般涌向发射阵地。发射阵地沸腾了，人们含着热泪拥抱、跳跃、欢呼，有的围在发射架前，抚摸熏黑的发射架，到处洋溢着胜利的喜悦。胜利的喜悦，拂去我心中的忧虑。现场召开了隆重的庆功大会，杨副司令员宣读了部队首脑机关发来的贺电：“这次发射成功标志着我国导弹武器研制水平又有新的发展……标志着二二一厂在转移尖端技术，开发常规军品方面取得的成功，为增强国防又作出了新贡献。”双方领导发表了热情洋溢的讲话并互赠锦旗。在当天部队举行的招待会上，计划部张部长握着我的手说：“我们可以说是患难之交，现在让我们共享胜利的喜悦，实现了历史上最好的发射精度，无线电引信机达到理想的战标。”核工业部发来贺电：“118弹头从研制到飞行试验成功仅用了10个月，这个速度是空前的，是二二一厂广大职工贯彻边生产、边调整方针，顾全大局、团结奋战、艰苦努力、克服种种困难取得的丰硕成果，再一次证明，你们是一支保持和发扬优良传统，能攻关，素质好的队伍。”无线电引信机在预定高度引爆，实弹发射试验的成功，实现了从核武器技术向常规武器技术的跨越式发展，在型号上的突破，填补了我国战略导弹武器装备常规武器战斗部的空白。这是二二一厂科研技术人员和全体职工，在厂撤点销号的特殊情况下，贯彻“118”任务的特殊性、政治性、保密性的丰硕成果，也是二二一厂年轻一代科技人员，亲自参与研制成功的成果，它将深深地刻印在年轻人的记忆中，留下永不消失的彩虹。在中核总公司年度工作会议上，二二一厂受到表彰。

原计划10月底交付的产品，要求提前到10月28日零时交付。原本已是非常紧张的交付计划，再提前三天是相当困难。但国家需要就是命令，我们马上召开了紧急生产会议，针对交付任务的薄弱环节，调整劳动组织，按小时进度倒排作业计划，实行总装、联试产品连轴转的作业办法，以饱满的政治热情，强化上道工序为下道工序做好服务的意识，保安全、保质量地完成任务。10月27日中午12时，厂长在出厂的质量文件上签了字。产品顺利装上火车专列，28日零时从厂准时发出。

14. 好中求快

1988年7月15日，厂隆重召开建厂30年庆祝大会（厂庆日改为221基地接到中央选址批文的7月15日），部、省、二炮及中央有关部委和合肥等市领导参加大会。俱乐部门前，锣鼓喧天，鞭炮齐鸣，少先队员载歌载舞，汇成一片欢乐的海洋。部、省、二炮与兄弟单位发来贺信，厂、矿老领导也发来贺词，件件贺信、贺词充满着为核事业共同奋斗的深厚情谊和美好祝愿，给正在为撤厂而努力工作的职工以极大鼓舞。厂长在讲话中指出：站在二二一厂历史与未来的交接点的时刻，我们要发扬创业形成的优良传统：一是自力更生，艰苦奋斗，顾全大局，吃苦耐劳的创业精神；二是忍辱负重，不计名利，忘我劳动，默默奉献，甘当无名英雄的自我牺牲精神；三是不畏风险，百折不挠，奋发图强，勇于开拓的进取精神；四是重视实践，严细求实，高度负责，一丝不苟的科学态度；五是团结协作，爱厂如家，关心集体，助人为乐的良好风尚。在厂调整转移的征途上留下自己的足迹，在自己的岗位上，全力以赴作出贡献。中央有关部委的同志，亲身感受到厂职工在恶劣的自然条件下，为国家所作出的历史贡献，职工在撤厂条件下的良好精神面貌，给他们留下了深刻印象。劳动部的一位司长参加大会后，十分感慨地说："你们在这里工作了30年真不容易呀！又作了这么大的贡献，应该把同志们安置好，这也是我们的责任。"正是他们的充分理解，加快了"两个安置办法"协调进程。为做好职工的接收工作，合肥市市委、市政府，盛情邀请厂、矿职工代表去合肥市考察。总厂工会侯主席、团委梁书记带队，各单位代表带着广大职工的期望，来到合肥市，受到市委、市政府、企业和市民的热烈欢迎。职工代表考察了效益较好的大、中型企业，亲身感受到合肥市的地理、人文、科技、生活环境。普遍认为合肥地处南北交界地带，南、北方职工生活均能适应，是一座文化、科技发达，离退休人员宜居的城市。加上不少职工的子女，在合肥带资上学，毕业后可分在合肥市工作等原因，多数代表接受了这个安置点。但40号文件下达已经一年多，随着厂调整工作的不断深入，职工思想异常活跃。当时，国民经济处于从计划经济向社会主义市场经济转轨的初期，粮、油等食品价格的倒挂，副食品凭票供应，政府实行暗补。在安置地点、项目的考察中，职工进入城市，要收取名目繁多的费用，如：落户费、粮油费、副食补贴、学校、医院、商业网点、配套建设等费用，进一步加大了与地方政府谈判的难度。经济发达地区有好项目，职工愿意去，但落户难以解决，最多欢迎去办个研究所。而经济欠发达地区欢迎我们去，又缺乏好项目和对职工的吸引力。我们就在项目、安置地点、职工能否愿意去、落户合理收费几个方面寻找平衡点。国家为控制通货膨胀，压缩基建规模，厂上报的联营项目的可行性论证立项报告，迟迟难以批复，对外考察迟迟没有实质进展。加之当时通货膨胀物价上涨，年定期存款利率高达12%，矿区百货商场的肥皂、洗衣粉等实用商品在一天内被抢购一空。在“118”首批任务完成后，撤厂工作处于低谷，职工要求尽快下山的急躁情绪在蔓延，队伍的凝聚力在减弱，干部中的畏难情绪在滋长。队伍一度出现了一等“两个安置办法”尽快出台，二看待遇、看项目的苗头。有的同志提出：“撤厂工作要快，在快中求好的建议。”厂、矿领导面对出现的新情况，进行了认真分析研究，认为：在复杂的情况下，我们要始终坚持“好中求快”的原则，好就能积极稳妥地推进撤点销号三大任务的完成，实现厂调整的软着陆，好的结果才能经得起历史的检验，这也是历史赋予我们的责任。我们及时提出了“精神不垮，队伍不乱，生产不停，搞好调整，再作贡献”、“依法撤厂，文明撤厂，站好最后一班岗”的要求。充分利用《草原工人》报，以领导“答记者问”、“本报特约评论员”文章等形式晓谕读者，肯定“好中求快”的主流，弘扬好人好事，澄清一些不实的传言。同时要求各级领导把思想政治工作作为硬任务来抓。

我们一手抓依法撤厂。对1988年四季度出现的盗窃、家庭暴力突发案件、单身宿舍赌博、个体录像厅放映黄色录像等现象，本着防微杜渐、从萌芽状态抓起的原则，对违反厂规的职工，运用经济、行政手段果断进行处理。同时加大治安工作的力度，组织民兵在生活区日夜巡逻，收缴厂、矿民间所有200多支猎枪暂为保存；公、检、法、司通力合作，公开宣判，运用铁的手腕，稳、准、狠地打击个别犯罪分子；对保卫国家财产，以身殉职的职工，报省批准追认为烈士，号召厂、矿职工向烈士学习。当年草原出现旱情，县、乡生产队的羊群路过厂区草地过度停留，与厂牧业队多次发生争夺草场的纠纷。公安、武警部队与县有关部门共同做好工作，公平、合理地进行处置，平息了几起一触即发的大规模械斗。正是坚持了依法撤厂，稳定厂区治安形势，保证了撤厂工作有序地进行。

一手抓“三项活动”的开展。清初思想家颜元为有句名言：“人身动，则一身强，一家动，则一家强，一国动，则一国强，天下动，则天下强。”厂开展抓好“三项活动”（抓“118”后续任务生产、抓学习、抓活动），要求各级领导“看好自己的门，守好自己的物，管好自己的人”。三分厂303车间开展了“我为撤厂作贡献，六看六比活动”，司法局举办普及法律知识竞赛，工会和各业务处组织企业知识、国标制图和外语学习班，开展“纪念七一”歌咏比赛、老年迪斯科比赛，组织球类比赛和文教局系统的学生运动会。年终文艺汇演等。春节前夕下拨活动经费，在基层开展多种多样迎新春联谊活动。从1987年起每年春节，大年初一都举办了迎新春团拜会和大型游园活动，全厂、矿职工喜气洋洋、情绪饱满地迎接新一年的更为艰巨的任务。

依法撤厂、文明撤厂及三项活动的开展，使职工感受到撤厂工作的复杂性、艰巨性，每走一步都要付出艰苦的努力，体会到组织上为职工权益做出的努力。职工开始比较客观、实事求是地看待调整，认识到职工即是撤厂的主人有享受安置的权利，又有搞好撤厂工作的责任。一位退休老同志说得好：“过去突破原子弹、氢弹，是国家的需要。今天撤厂，也是国家战略调整的需要。我们要自觉服从、参与、搞好厂的调整。”

15. 凝聚共识

在撤厂的特殊历史时期，热点、难点、焦点多。当期望值与实际出现差异时，容易产生心理上的不平衡。特殊时期领导要保持头脑清醒，充分相信职工，真心实意依靠职工，鼓励并支持职工积极参与到调整中来。多沟通，多交流，多疏导，增强调整政策透明度，调动职工主人翁责任感，就一定能把厂的调整工作做好。厂适时提出召开厂、矿职工代表大会的建议，得到党委和总厂工会的大力支持。1989 年 4 月，厂、矿职工暨工会会员代表四届三次大会如期召开。会议为厂、矿领导与职工交流、协商提供了平台。职代会上见仁见智，各抒己见，有的意见还相当尖锐，有的代表团提出："适当集中，合理分散"不代表职工的利益，只考虑少数领导的利益（意指领导可继续当官），要求小块小块分散安置。同志们对厂长的报告、经济责任制项目承包方案，提出了不少修改意见。总厂工会侯主席告诉我，经济责任制有可能通不过。我想，对待职工的意见，只要真心、真诚、平等地去协商，问题一定会圆满解决的。针对这样的情况，在预备和正式会议中，厂长三次与职工代表平等对话，又召开主、辅生产单位领导座谈会，努力创造平等、和谐、协商的气氛，动员职工以主人翁的态度认真对工作报告、经济责任制、项目承包方案进行了修改和完善。正如《晏子春秋》所说："为者常戒，行者常至。"说明努力去做的人常常可以成功，不倦前行的人常常可以达到目的。会议结束时，厂长工作报告和经济责任制项目承包方案以 265 票赞成，11 票弃权，4 票反对，获得通过。职代会的成功召开，进一步提高了领导和职工对 40 号文件的认识，凝聚了共识，振奋了精神，增强了队伍的凝聚力，维护了厂、矿的社会稳定，调动了职工完成"118"和三大调整任务的积极性，为"两个安置办法"[①] 的实施打下了良好基础。1993 年 4 月，国家计委、国防科工委、国家环保总局等有关部门领导，参加部级核设施退役工程验收时，看到厂区秩序井然，各项工作有条不紊，电厂、医院、学校、商店、交通正常运行，他们感慨地说："没想到撤厂到了后期，工厂忙而不乱，一切是那么正常。核工业队伍真是一支过硬

①"两个安置办法"指《关于妥善安置国营二二一厂在职职工若干问题的规定》和《关于妥善安置国营二二一厂离退休人员若干问题的规定》。

的队伍。”

16. 继续冲刺

随着职工安置工作即将全面展开，厂内对“118”后续任务厂是否能全部承担产生了分歧。在厂的生产例会上，部分单位领导表示：由于“两个安置办法”和政策细则逐渐明朗，职工、家属思想异常活跃，担心生产中难以保证安全和质量，不宜多承担任务。这种担心是可以理解的，何况高能炸药部件生产的危险性，在这样的特殊环境下，没有严格的管理、强有力的思想政治工作、职工良好的素质和精神状态，谁又能保证工作中不出现疏忽和闪失？我们没有简单地作出决定，而是在会后分别召开了厂、矿办公会、职代会主席团会、主要分厂领导座谈会、最后召开有总工、生产副厂长、副总工参加的小型会议，认真分析厂的调整形势。大家充分认识到“两个安置办法”涉及12个部委，需要一个理解、磨合、协商的过程，需要一定时间，目前还难以出台，安置工作年内还不可能有大的动作。同时，我们对承担后续任务的利与弊进行全面的分析。“118”任务的研制、生产实践，使我们深深感受到：队伍要有凝聚力，厂区要稳定，就必须有科研生产任务支撑，厂矿这部机器就会围绕任务的完成而有序运转；有任务就能锻炼队伍，提高员工素质；有任务就能为厂积累资金，改善职工福利；有任务就能实现有计划、有领导、有步骤、有秩序撤厂的目的。何况多年常规武器战斗部研制付出的心血，已取得技术上的突破和产品品种上的跨越，为了保证交付产品技术上的一致性，我们有责任承担全部后续任务。对于承担的风险，在经济转轨建立社会主义市场经济的条件下，要有勇于承担风险的意识。风险越大，我们的责任越大，但突破风险后的收益也越大。事在人为，只要我们扎扎实实，仔细地做好工作，就一定能保质量、保安全地完成好后续任务。经过反复地议论，大家越议信心越足。最后陈总工程师、主管生产的任副厂长、主管无线电系统的吴副总工程师共同表示：“从形势和利弊分析，任务我们应全部接。早签合同早准备。厂长，你拍板吧！你说怎么干，咱们就怎么干。”已是水到渠成的时候，我兴奋地说：“好！任务全部接下来，咱们一块儿干。”在第二次召开的厂、矿办公会议上，大家一致同意全部接受“118”后续任务。厂内思想统一了，但上级主管部门从今后产品维修上考虑，提出无线电引信由另一家单位承担研制和生产。1988 年 5 月 22 日，在太原卫星发射基地，进行了“118”飞行试验，全面检验引控系统，同时搭载另一个单位研制的无线电引信一同试验，经比较分析，厂研制的无线电引信机，动作程序正常，技术稳定可靠，达到各项指标要求，试验获得圆满成功，上级决定“118”后续任务全部由二二一厂承担。双方很快签订了合同。在后续任务完成中，干部、技术人员、工人情绪饱满，严肃认真，精益求精，一丝不苟，万无一失地忘我工作，产品到哪里，哪个工序接着干。硬是按合同要求，保质、保安全、保保密，圆满完成了后续任务的交付。从 1987 年 40 号文件下达到 1991 年，厂累计实现军品销售收入 X 亿多元，国家减少拨给厂维持费一个多亿元，军品销售利润近 X 千万元。

17. 特殊解决

1989 年撤厂工作进入攻坚阶段，遇到了两个难题：一是资金不足，二是希望“两个安置办法”尽快出台。这时我们又想起非常关心厂调整的张爱萍将军，我们以厂的名义，给张老写信以求帮助。张老很快在信上作了批示。

核工业总公司并国防科工委：

二二一厂的妥善安置，不论是他们对祖国的贡献和国家的稳定、安定团结，都将有相当影响。为对国家利益着想，建议请国务院予以特殊解决，虽然要多花一点钱，但事已如此，只好忍痛以求加速妥善解决。越拖越难办了！遵二二一厂之嘱，特转呈，供参考。并转告二二一厂。

张爱萍

一九八九年九月七日

中核总公司12月上报了《贯彻国务院、中央军委关于撤销核工业二二一厂有关问题的请示》。国务院副总理邹家华作了批示，国务院副秘书长王书明召开有关会议，下发了国阅（1990）13号和131号会议纪要，纪要指出："在几个点扩建项目安置职工，提供专项贷款，增加拨款。妥善解决好二二一厂职工安置问题，是一项政治任务，各有关单位要顾全大局，尽快认真做好这项工作。"国务院批准了十一个部委和中核总公司制定的"两个安置办法"，1991年7月27日批转有关省市执行。从此职工和离退休人员分散安置工作全面展开。

18. 安置风波

本着"敲定廊坊，抓紧合肥、淄博，稳定青海"的精神，厂对廊坊厂本着"积极推进，优先优惠，建厂、安置同步"的原则进行。1988年9月，以总厂于副总经济师为首的筹备组与合作方在廊坊市选定厂址，开始了征地、立项、施工招标等工作。基建工作开始后，他们吃住在工地，不辞辛苦，埋头苦干，来往于设计单位与地方进行协调，克服了种种困难，做了大量卓有成效的工作，经过三年艰苦建设，一座现代化的工厂耸立而起。1990年开始，于副总作为首任厂长，和搬迁过去的职工一起艰苦创业，边生产、边建设，自己动手安装、调试设备和仪器，很快投入生产，工厂生产一年上一个台阶，获得很快发展。继任厂长又进行了二期工程的扩建，兴建了数控设备加工车间，经济效益大幅提升，职工福利不断改善，企业荣获河北省五一劳动奖状、省精神文明单位等多项荣誉。“两弹一星”的精神在这里发扬光大，二二一厂在这里延伸。1988 年 12 月，我们带着上级“关于二二一厂在合肥建立转民基地函”前往合肥市。成立了以吕副厂长为首的筹建指挥部，定名“昆仑工业公司”，加紧拟建的镀锌铁板、汽车、饭店等项目的可行性研究。立项报告报上去，迟迟不能批复。这时军工局领导提醒我们：“不要扛着旗子下山了，可以走带着嫁妆出嫁的路子，安置职工。”猛听到这样的说法，在感情上一时还难以接受，40 号文件中不是有在内地联合办厂的安置模式吗？中国有句谚语 " 儿不嫌母丑”，自己上项目建点，怎么说也要有一个家，既保存了技术力量安置了职工，又留在中核总公司内，离退休人员也不用交由地方管理，重要的是没有割舍几十年与核武器发展的历史贡献，职工的荣誉、工资福利和特殊事业带来的问题可以较好处理。还可以保证有计划、有步骤、有秩序地撤厂。特别是近几年来，我们在内地联营办厂，积累了一定经验，取得一定的经济和安置效益，何况常规武器战斗部开发取得技术上的突破，可望形成批生产能力。眼望着这些成果，队伍就这样散了实在是可惜！一个历史上作过重大贡献的厂，在我们这届领导班子内拿钱散伙了，如何向下一代交代？当然自己建点，有资金不足的风险，搞不好还有第二次转产的风险。有风险，才是真正意义上的创业。只要付出了艰辛，肯定会有收获的。这种想法一直在我脑海里回荡，直到国阅（1990）13 号和 131 号文件中确定了“适当集中，合理分散”的安置原则。这时合肥市政府热忱表示：愿意在经济效益好的企业，安置职工和离退休人员，并可接收留基地全部人员，为厂、矿人员安置提供宽松的环境。这里不能不提到，当时合肥市的一位主要领导同志曾在核试验基地工作过，正是他对核事业情有独钟，才有这样的胸怀和胆识。1990 年 4 月，国家计委、财政部、中国人民银行、中国核工业总公司有关部门负责人，考察了合肥市拟准备接收职工的企业，得到他们一致认同。5 月 1 日，厂在合肥市与合肥市政府签订了全面安置协议。山东省淄博市的扩建项目是由调入该项目的原厂职工牵线，山东省委、省政府大力支持促成的。该厂项目扩建，急需资金和人员，而我们又在找项目，两家一接触都感到可行。通过双方考察和谈判，1990 年 3 月，在北京与淄博化学纤维厂签订了带资安置职工的协议。目前该厂已是齐鲁石化下属的企业。至此，形成在廊坊、淄博、合肥带资相对集中安置的拼盘方案。在协议的谈判和落实中，职工安置资金的投入强度和比例，与职工安置岗位是否合适、进度如何保持同步，成为双方讨论和执行协议的焦点，这个矛盾一直持续到最后。中核总多次听取厂汇报和专题研究，及时向中央报告。主管二二一撤厂工作的李定凡副部长七次下合肥协调，全国人大、政协会议期间，部领导先后与青海、安徽、山东省领导会晤，协调协议落实中的问题。部协调领导小组办公室，来往于有关部委进行会商“两个安置办法”。1992 年，中核总工作会议期间，中核总领导安排了二二一厂向邹家华副总理汇报。二二一厂在汇报中，邹副总理不时询问有关情况，汇报在限定的 10 分钟以外临时增加了 5 分钟。邹副总理批准了“两个安置办法”，推动了安置工作全面展开。

厂在内地联营的四个厂，其中两个厂顺利回收了全部投资，一个厂将股权与职工安置捆在一起，移交市高级技工学校。而另一个联营厂职工安置却遇到了麻烦。由于这个联营厂在市区重新划分中，从 A 区划分到 B 区，而持小量股的 A 区，仍保留对联营厂的管理、任命总经理、上收税收的权利，引起联营厂所在乡的不满，上访到中央主管业务部门，主管部门下发函件支持乡的意见，要求当地主管部门予以纠正。但两个区都看好联营厂的效益和发展，双方坚持不让，矛盾愈演愈烈。40 号文件下达后，地方政府希望股权和职工一起移交地方，而在联营厂的大多数职工又不认同。二二一厂通过多次商谈，将股权和职工安置，一同移交秦山核电厂，作为该厂的维修厂，双方签订了移交协议。上级也下发了移交通知，受到职工欢迎。当核电厂主要领导前往考察时，由于得不到地方支持而搁浅。厂为加快职工安置，摆脱地区划分而引发的矛盾，决定将股权转让与职工安置分开处理。就在两市区意见坚持不下时，联营厂所在乡的领导，前往二二一厂商谈股权转让，表示：根据联营协议，愿以现金支付方式，接收二二一厂的股权转让，谈判一拍即合，双方达成协议。在邓小平南巡重要讲话精神鼓舞下，按照建立社会主义市场经济的要求，快刀斩乱麻，果断快速进行股权的转让。民品开发处刘处长（兼任联营厂的董事长）和厂器材处驻上海办事处的同志一同处置股权转让，召开了特别董事会会议，A 区两名董事除一名通知未到会外，董事们在掌声中，通过了厂 57% 股权转让给第二大股东乡玻璃钢厂，组建了新的董事会，任命了新的总经理。第二天在当地进行了公证，从法律程序上完成了股权的转让。下午召开联营厂中层干部会，宣布了董事会决定，职工拍手称快。技术干部说：“现在是山重水复疑无路，柳暗花明又一村。”在联营厂的二二一厂职工说：“早该这么办，要是事先通报当地政府，就办不成了。”当夜将汇票带回厂，回收了全部投资。股权转让后生产秩序井然，职工情绪高涨，却引发 A 区个别领导强烈反弹。他们先后提出：二二一厂职工在当地落户，是政府行为，股权转让应取得政府认同；厂在联营厂的投资不是厂的自由资金；董事长没有厂长授权等，要求二二一厂退回转让走的资金。厂连夜召开会议研究认为；“股权转让是市场经济行为，是厂长授权董事长来处理股权的转让，符合公司章程，合法也合理。厂所得转让资金不能退回。”上级也出具证明，联营的投资是厂的自由资金。同时决定由高副书记、孙副厂长带队坐阵苏州，与前方刘董事长保持联系，应付随时可能发生的新情况。《XX 法制报》发表调查报告，加了“编者按”指出：“在改革开放渐趋深入时，XX 市有关部门，却对属地内乡镇企业的正常经济活动粗暴地干预，造成企业无法正常开展经营达 10 个月之久。我们热切地希望 XX 省有关部门，能对此高度重视，这样一个与时代格格不入的不协调音符，是到终止的时候了！”社会舆论支持乡的做法。而另一方则派工作组进厂，宣布股权转让无效，恢复原总经理职务。引发乡群众不满，聚集在联营厂会议室质问工作组。工作组见到群众强烈的对立情绪，为缓和矛盾，撤离了现场。此事引发了当地新闻媒体的广泛关注，乡准备召开新闻记者招待会，聘请律师对簿公堂。为解决这个矛盾，军工局尤局长与厂长前往该市。到达的当晚，厂长与联营厂的二二一职工举行座谈，介绍了有关安置政策，要求同志们与厂同心同德，做好股权转让和职工安置工作。在第二天与市领导的会晤中，我们阐明股权转让是事出有因，是被逼出来的。对处理此事过程中，事先未向市里汇报，表示歉意。在表明我们的观点后结束了会晤。股权转让前后的日日夜夜，前方天天保持与厂的电话联系，厂领导连夜进行研究处理，在联营厂工作的职工面对复杂形势，与厂共同努力，保持了我方在股权转让上的主动权，顺利完成了股权转让。当地政府采取措施，逐步平息了事态的发展，对职工安置工作提供了相应的宽松条件。

19. 221 人的期望

1990 年 7 月，完成“118”后续产品交付后，职工安置报名工作全面展开。报名工作以政策为导向，职工自愿申请，先廊坊、后其他地方、合肥兜底的顺序进行。本着工作需要、厂方推荐、与地方协商的原则，确定职工安置去向。在尊重国家与地方政策的前提下，充分保障职工自主、自由选择安置地的权利。我们在推荐中掌握好两个结合：一是在职职工与离退休人员和家庭户安置相结合；二是离退休人员安置，身边要有子女的原则。同时要求职工、大集体职工、社会闲散人员随同迁出。厂、矿召开广播电视大会，厂长宣讲了安置定向有关政策和工作安排并印发到基层，做到政策公开、透明，职工心中有数。

职工报名时思想异常活跃，显露了许多矛盾。有一位技术骨干，由于夫妻二人在安置地点上意见相左，互不相让，这位技术骨干一气之下睡到办公室，争执一直闹到厂领导那里，经过调解协商才妥善解决。有的一方坚持去南方，另一方则坚持去北方，双方坚持不下，最后双方妥协而在中原地区进行了安置。也有协商不通而离异的。在退与干上，较多的双职工采取了一方退休一方下山工作的模式。以矿办曹副主任、蔡副厂长为组长的安置领导小组和办公室的同志不厌其烦，耐心做好报名和来访者的政策解释工作。各单位领导做好职工家庭的思想工作。在遇到“合法、合理、合情”的冲突时，我们坚持合法是前提。从全局上讲，合法才是最大的合理，才可能把政策贯彻下去，才能保持矿区的稳定。我们也遇到在某些问题处理上是合法的，但不一定合情理，这只能在今后改革中去解决。一个多月的报名工作，90% 的职工和离退休人员确定了去向。从报名到职工安置工作启动，因间隔时间较长，有近 500 名职工、离退休人员，由于婚姻、子女上学、毕业分配、身体健康等原因要求改变安置去向。本着从严控制、实事求是、逐级集体审核的原则进行了调整。住房的分配，本着公开、公平、透明的原则，严格按厂房产管理规定，在大会上依次按分数选定房号。有困难需要照顾的，张榜公示无疑问后予以照顾，近千套离退休人员住房分配很快顺利完成。

1990年11月17日，第一批集中安置淄博的人员离厂，离厂前进行了保密教育，厂领导热切地希望："同志们在一起工作生活了多年，为事业的发展作出了自己的贡献，尽管中间发生过不愉快的事，事情已成为过去，让我们愉愉快快走向新的生活。继续发扬221人奉献、勤奋、务实、创新的团队精神，用自己的行动，在新的天地，扎根、开花、结果。我们再三嘱咐离厂职工，保密工作仍是我们一生中永远要牢记的，不该说的不说。"那些日子，每一次在俱乐部门前广场举行热烈的欢送会，依依惜别的情景使人难以忘怀：喧天的锣鼓声、鞭炮声，一辆辆大轿车前挤满欢送的人群。有的握手告别，有的深深祝福，有的热泪盈眶，有的抱头痛哭，这一别不知何时才能相见。在草原的日日夜夜，共同开创的事业，团结友爱，和谐相处，221就像是一个大家庭。"世外桃源"是这个大集体的美好称谓，这里没有大城市的喧嚣，只有生活的恬淡和安定；这里没有商战中的钩心斗角，只有难能可贵的友情和关怀。许多离退休同志从内地再来草原时，都会由衷地感慨：这里真是一片净土！221人眷恋这块土地，她的一草一木，一砖一瓦，无不唤起人们亲切、美好的回忆。不少职工离厂前，来到工作生活过的车间、实验室、办公室、工作岗位、作最后的告别。有的同志写下激情的诗句："我爱二二一厂，不仅爱她的事业，也爱那对事业执著追求的人们，更敬佩那为建厂，不远万里而来，付出艰辛劳动的开拓者。我爱这里的技术人员、工人，因为他们勤劳、朴实、热情、勇于进取。我爱这里的马兰花，无论是春风艳阳，还是狂风暴雨和严冬，她总是昂着头，挺着纤细的腰杆，与恶劣的环境拼搏、抗争。她是草原的骄傲，也是草原开拓者的象征。"三十六年过去了，草原上朴实的马兰花依然年复一年地开放，象征着开拓者们，顽强拼搏、英勇奋斗的一生。221人深深眷恋这里的事业，他们血液里奔腾着无私奉献、勇攀高峰、永不退缩的精神，这种精神是在"原子弹、氢弹”突破的事业中播种，在艰苦的岁月中用热情去浇灌，在“文革”、“二赵”冲击下用谅解去维护，这种精神将会一代一代传承下去。核武器过去是、现在是、将来仍然是我国国家安全的重要基石，是我国大国地位和综合国力的重要标志。虽然二二一厂撤销了，但我国的核武器和核武器科学技术将为“铸国防基石，做民族脊梁”不断创造新的辉煌。

建立221基地是史无前例的，撤销二二一厂也是空前绝后的。人们用目光送走开往西宁的大轿车，送走朝夕相伴的战友，而221人的情意永驻金银滩，天长地久。而厂、矿领导直到1993年5月23号，才开始明确安置去向，我和张书记、吕副厂长接到通知前往北京，一下飞机就被接到李副总经理办公室，一个一个谈话。李副总经理宣布总公司党组意见。看来我将接手一项十分困难而艰巨的工作。从此我走进了原子能和平利用行业，成为一名新兵。对于这样的结果并非是我的意愿，南方人总是想回南方，与孩子生活在一起，也算是落叶归根吧。几天后上任，也没来得及回二二一厂作最后告别，就离开了工作33年的厂。正如军代表室王总代表所说，老王，你总喜欢去啃硬骨头，搞一些开拓性工作。看来等待我的又是一块硬骨头！

20. 心系221

早在1985年11月，原副部长、九院第一任院长李觉顾问特意到京西宾馆，看望二二一厂出席部表彰大会的厂先进代表，李觉满含深情地说：“一老一小是二二一厂比较突出的两个问题，我是清楚的。二二一厂的老同志，为了国防事业的发展，吃尽了苦，流尽了汗。建厂初期，在一片荒凉的草原上，头顶青天，脚踏草原，住帐篷、吃青稞面，饿着肚子进行紧张施工，为核基地的初具规模，立下了汗马功劳。当前社会上流行一切向钱看，当时又有什么待遇？

又能拿多少钱？但在那艰苦的年代，在短短的几年时间里，成功地爆炸了原子弹、氢弹，为国防事业的振兴写下了崭新的篇章，是崇高精神文明结出的丰硕成果。”“二二一厂地处高原，高寒缺氧，信息不灵，但我们有一支具有高度政治觉悟，对事业执著，责任心强，百折不挠的职工队伍。我相信你们能正确对待困难，走出一条适合厂情的保军转民新路子。”1987年春节刚过，我们风尘仆仆前往北京，参加年度工作会议。带着职工的亲切问候，看望老领导。73岁高龄的李觉顾问在仔细听取汇报后，饱含深情地说：“221的处理，我曾给XXX反映过，一定要慎重，要有个说法。后来就有了张爱萍的批示，当时张爱萍是军委副秘书长兼国防部长。我又提出怎么个撤法，又下了一个文，就是后来的40号文件。今天我跟陈副局长说了，不能把这件事记在前任书记和老王身上。你们的报告不是提了两个方案吗？最后是中央决定的。你们那里很艰苦，现在厂完成了历史使命，撤点销号任务重，责任可不轻啊！厂子一个上，一个下，一字之差，可大不一样。不能乱，不能散。在贯彻落实中央文件中，一定要稳，要准，要慎重。”“希望能成建制下山，队伍可以搞变频机、石油机械，还可以出口，实现厂的转移和妥善安置职工。相信你们会顾全大局，把厂的调整搞好。”1992年，中核总工作会议期间，李觉顾问在尤局长陪同下，来到住处看望我们，再次对撤厂工作提出希望说：“撤厂是件非常难办的事。既然上级决心定了，我们就要办好。工作方法上要民主化，科学化。要耐心细致地做工作。”1993年4月6日中午，029联谊会[①]在贵阳饭店二楼餐厅聚会。李觉、刘树林、郭英会、吴益三、唐信青和我与张书记，一同谈起221基地艰苦创业，原子弹、氢弹的突破时，李觉顾问总是精神振奋，话语滔滔不绝。他说：“你们二人，马上要到前

①“029联谊会”指原在二机部九局工作过的同志成立的社会团体。

方处理撤厂事宜。建厂初期，我和际霖、英会三人搞基地建设。际霖是个好同志，勤勤恳恳。‘文革’时期斗际霖，叫他交权，他就是不交，是个硬骨头。去年我把际霖同志写的一封信，作为老同志的遗物，交给他女儿。信写得很好，是一位老党员党性的体现。”吴际霖同志曾说：“我们这些人，是从搞手榴弹到原子弹的”。他三次到苏联参加谈判，是李觉的得力助手。他事业心强，坦诚直率，实事求是，尊重知识，尊重人才，工作非常细致。他有一个小本，谁有什么专长，适合搞什么工作，都记在本子上。局、院、厂合并后，李觉院长抓原则，抓大事，主要对外。吴际霖副书记、第一副院长兼二二一厂书记，主持基地日常工作，当时没有技术副院长，也没有总工，朱光亚副院长抓科研，几个副院长一人一摊，吴际霖抓业务组织的协调。院里开计划、设计协调会都是吴际霖主持。他善于把领导、技术人员、工人的智慧集中起来，统筹兼顾取得研制工作的快速推进。在那个突出政治的年代，为突破原子弹技术，他在干部会上响亮提出：“一切为‘596’让路，响了就是最大的政治”，要把思想政治工作落实到科研生产中去，进一步调动科研人员积极性。“文革”中这句口号，受到不公正的批判，给他戴高帽，批斗完回到办公室，脑袋上的糨糊都来不及清洗，就到隔壁参加科研工作会议。后来又把他轰到一个单身宿舍，他说：“你们要揪我，就揪我，批完我，照样在单身宿舍办公。”“文化大革命”期间，全靠他支撑维持基地局面。他忘我勤奋地工作，为突破原子弹、氢弹技术作出了杰出贡献。李顾问继续说：“部编写的军工史，一定要充分肯定221的成绩，你们不好说呀！原子弹、氢弹突破在221基地，批生产、贮存、延寿科研都在二二一厂搞的，军工史中要加大二二一厂的分量。”我插空汇报说：“到目前为止，已经有85%的职工和离退休人员下了山，大多数职工还是比较满意的。从高原下来，落叶归根有了归宿。职工安排了工作，分配了住房，离退休人员有了住房，医疗、生活的保证。”领导们的眉头舒展开来，脸上露出笑容。李顾问连声说：“好，大多数满意，我们就放心了。这样的安置条件，在中国也只你们这一家。”郭英会伸出了大拇指兴奋地说：“是做得最好的一家。”喜好“喝一口”的李顾问，高兴地端起杯子抿了口酒。接着，我汇报目前的困难说：“主要问题是：职工调出了部，割断了几十年和核工业的联系，感情上有失落感；离退休人员强烈要求，在中核总内成立留守处；分配到企业的职工，企业社会负担重、效益差、职工收入低。”老领导听后表示：一些问题还可以继续向上反映，争取较好地解决。唐秘书长拿出两本《原子弹出世记》一一签名送给我们。李顾问最后说：“你们要回厂了，任务很重。我说过，厂没撤完，你们不能走。叫你们做点牺牲。要教育职工尊重地方。他们把最好的草原让了出来，地方是作了贡献的，请转达对省的感谢。托你们向职工和离退休人员问好。”席间充满着温馨和亲切的关怀。

一次在《核武器》出版的编委会扩大会上，原第二生产部203车间主任吴永文，非常关心二二一厂的情况，对我说：“听几位同志讲，二二一厂撤厂搞得不错，大多数职工还是满意的。”我说；“主要是中央的关怀和政策、资金上的支持，中核总的正确领导和各地方政府理解和帮助。我们仅仅做到了两点，一是在政策上，把中央的关怀和职工的要求很好地结合起来，做到公开、公正、透明，在民主、廉洁气氛中推进调整。二是“118”任务的支撑。老领导心系二二一厂，时时能听到他们期望的声音，感受到一种深情的温暖。这是221基地老一辈革命家，热爱这片亲手创建的事业，热爱每一个与他们并肩战斗、共患难的同志，也是对二二一厂年轻一代殷切的期望和嘱托。这就是‘221情结’，既是一种牵挂，也是一份责任，既是一种精神，也是一种享受。”

21. 你们辛苦了

夕阳西下，余晖缥缈。1991 年 5 月 15 日下午 5 时许，我们驱车来到北海后门一条小街。向警卫说明来意后，进入一座普通的四合院，进入厅内。30 多平方米的小客厅朴素、整洁。塑料地砖铺设的地面清爽、明快。军绿色灯芯绒沙发，青翠欲滴的君子兰，墙壁上挂着花木国画，中间摆放着一台 25 英寸彩色电视机。精神矍铄、手拿拐杖的张爱萍将军在李又兰夫人陪同下来到这里。这位坚贞忠诚的老将军，无论是在总参、国防科委，还是在国防部工作，都表现出超群的胆识和惊人的意志力，以顽强的开拓精神享誉全军。我们迎上前去和他握手。将军拉着我的手，来到沙发前坐下。我拿出由张老题名的“中国第一个核武器研制基地”纪念碑照片和二二一厂纪念册送给他。张老翻开纪念册，意味深长地说：“撤销二二一厂是国防战略调整的需要。国防战线拉得太长，不利于集中人力、物力、财力搞国防科研。二二一厂撤销了，可惜是可惜，也只能这样办。”“中央很重视，下了文，全国只此一家。原批的款不够，又增加拨款和贷款，各地方那么支持，二二一厂职工又那么理解，做到这步真不容易。”张老问起职工安置的怎么样，有什么反映时，我汇报了大多数职工比较满意和存在的问题，张老不时点头，表示赞同。当翻开纪念册，看到草原牧场图片时，勾起张老对往事的回忆，他操着浓重的四川口音说：“我常来往新疆核试验场和 221 基地，你们那里建设时期，住帐篷，吃谷子面，生活条件很艰苦。在那里创业，突破原子弹、氢弹真不容易。”又问起“你们的牧场交给谁？”

“根据青海省政府意见，移交海北州作为国营牧场保留下来。”

“金银滩草原有座分界桥，金滩草原临近 221 基地，你们的银滩靠近青海湖。湖色很美，湖中有个鸟岛，现在鸟多吗？”

“很多，鸟岛已经保护起来。五月游人很多，前来观赏鸟岛奇特景色。”

“现在还有黄羊吗？”张老问

“基地建成了，铁路也通了，人多了，已经见不到黄羊了。”

一种平易近人的亲切感涌上心头。将军已是81岁高龄之人，但20多年前的事记忆犹新，言谈中透露出他敏捷、犀利的思维。时针指向7时整，张老提议我们一同看新闻联播。他不时问起：“221基地怎么利用？准备上什么项目？青藏铁路修到了什么地方？”我一一做了回答。我看手表时间不早了，拿着纪念册请张老签名。张老拿起钢笔，问起“菁”字是不是有草头，我递过名片，他欣然签上“菁珩同志留念，张爱萍1991.5.15北京。”我们一同摄影留念。告别时，我们再次感谢张老对二二一厂的关怀。张老深情地说：“现在办事难，过去周总理一句话都得办，现在难多了，所以更要感谢你们，你们辛苦了！代向领导和全体职工问好。”张老和夫人一直把我们送到屋门口。当我们坐上汽车，二老还在频频向我们挥手送别。

22. 还一片净土

40号文件指出：“二二一厂撤销后，厂房、生活设施等移交青海省安排利用。”厂区核设施退役处理关系到573平方公里生态环境的恢复，关系到当地政治、经济、社会发展，关系到民族团结、社会稳定的大问题。我们本着对子孙后代负责的精神，组织国内权威专家论证后，确定基地退役，采用国际公认的“三级退役标准”。即经过无害化处理后，厂辖区内的设施和场地，达到不加任何限制的永久性开放。总厂成立了以陈家圣总工程师为组长、任、丛两位副厂长为副组长的核设施领导小组和办公室（设在安防处）。委托核工业中国辐射防护研究院（简称核工业中辐院）进行源项调查，方案拟订，限值控制和退役终态环境影响评估。按照科学程序，严格国家审批手续。先后向国家主管和监管部门提交了退役工程可行性研究报告、初步安全分析报告、环境影响报告、设计书、验收管理办法等。经有资质的专业机构和专家审查，获得国家有关部门批准后，在厂区实行“谁污染，谁治理”的原则进行处理。在实施过程中推行安全、质量、进度承包责任制，二二一厂负责全面组织实施。二二一厂、二七九厂、核工业中辐院、核工业第五研究设计院、核工业北京地质研究院单位组成专业队伍，结合自身优势，分片包干，由核工业中辐院、中兵总204所、青海省环保局环境监测站负责监测。在国家环保总局和青海省地方政府的关怀和支持下，中核总领导亲临现场指导，中核总安防局、军工局及时协调，退役工程按照制定的方案、批准的作业计划具体实施。对退役作业场所的辐射水平、空气中放射性核素浓度以及污染水平、污染范围等进行普查检测和记录。严格做好核废物的运输和处置，不留后患。在质量管理、监督、检测、验收等环节做到公开、透明。

退役工作分两部分展开。一是有毒、有害物质处理。从1990年7月开始，对废旧炸药、雷管、热核材料、电镀、表面处理工号和设备、物资进行清理和处置。废旧炸药曾送给附近施工单位，作为开山修路用，并对施工人员进行培训，但因炸药感度高，时有事故发生，不得不全部收回进行销毁处理。特别是存放多年，一直未使用的二十多吨高感度炸药，曾采用水中浸泡办法，运来基地。现在浸泡水已蒸发，在处理炸药过程中，二分厂职工通过反复试验，找到一种简单可行办法，安全地进行了销毁。为处理下水管管壁沉积的废炸药，他们挖出地下管道，一段一段焚烧管壁上残留的炸药，由于他们一丝不苟，精心操作，安全、顺利地完成了退役处理工作。热核材料成型、加工、分析、检测工号、试验室进行清理，剩余的热核材料退回原料生产厂。电镀、表面处理废液送交专业厂处理。历时两年，有毒有害物质、工号、实验室，实现了三级退役处理要求，通过部级验收，工程质量优良。二是放射性污染厂区处理。国际上没有先例，国家没有标准，我国第一个核武器研制基地进行退役处理，要达到永久性开放，可以说是一项开创性的工作。从 1988 年 8 月，二二一厂与核工业中辐院进行源项调查时，查阅了国内外资料，结合厂的实际，经国内专家咨询及代价效益分析，慎重、周密地制定了适用于二二一厂土壤中铀残留极限值和贫铀表面污染控制暂行管理的限值，这些限值和标准在当时国际上也是最严格的。暂行管理限值得到国家环保总局认同。退役工程在一、六、七厂区，牦牛沟铀屑存放区分别进行。污染严重的镭源污染工号，进行了拆除、清理，拆除物进行了最终处理；贫铀切屑装桶冰冻，高放废物、超过填埋坑掩埋标准的贫化铀、镭 –226 等污染物、装桶水泥固化运往废物处理场；各类放射源，交由青海省辐射环境管理站存放；可燃性污染物，在焚烧炉内焚烧，灰烬残留物按限值，进行填埋或装桶水泥固化处理。填埋坑经二次勘探、分析比较，经国家环保总局批准，选定在六厂区 656 爆轰试验场以西 400 米处。填埋坑开挖成漏斗型：底部 28.6 米 ×43.2 米，上部 40.2 米 ×54.65 米，深 7 米，总容积 6500 立方米。底层 0.5 米侧面 0.3 米分别用青海省湟源县运来的黏土夯实，做了防渗工程处理。填埋坑内填埋放射性污染工号铲下的墙皮，各爆轰试验场表层的土壤、使用过的手套、工作服等低放射性废物共 6100 多立方米。填埋坑上进行了植被，立有竣工纪念碑，实行严格的监督管理。1992 年 6 月，国家计委、财政部、国家环保总局先后来厂，检查核设施退役工程进度和质量，一致认为：二二一厂对核设施退役工程，是严肃认真的。本着对子孙后代负责，从维护国家声誉大局出发，客观、公正、实事求是地做好了这件事。核设施退役处理工程，历时五年，投入资金 3000 万元，1993 年 6 月通过了国家验收，圆满完成了三级退役要求，整个工程质量优良，可交青海省安排利用。国务院副总理邹家华对青海省省长田成平说："世界核基地退役处理工作，做得最好的是二二一厂。"221人为基地移交和利用画上了圆满句号。

23. 戳穿谎言

1992年6月，在巴西里约热内卢举行的联合国环境与发展首脑会议前，达赖集团窜到里约热内卢伺机制造麻烦，多次造谣攻击谎称，二二一厂存在核辐射与倾倒核废物。当有记者问达赖："你说中国政府正用西藏来进行核生产和倾倒核废物是吗？"达赖回答说："是的，西藏东北部靠近青海湖有一个核工厂。据一些碰巧到达那个地区的藏民说，有一位在汉人机关谋职的藏民参观了那个地方，不久后便神秘地死去了。这样的事发生过不少。倾倒废料是我们的猜想，但猜想是有依据的……现在那个地区的绵羊生出畸形的羊羔，可能是因核辐射的缘故。"事实胜于雄辩，当时我国政府给予有力的回击。二二一厂与青海省环保局共同努力，在厂区辐射安全方面有着良好的记录。厂安全防护处，定期对周围环境进行监测。其中包括对牲畜、大气、河水和土壤取样分析，厂运行30多年，没有对环境造成任何不利影响。厂直接从事放射性材料作业的人员无一人因辐射死亡，也无一人得放射性职业病。藏民进入厂区神秘死亡，绵羊出生出现畸形羊羔，纯系无中生有的造谣。每年冬天，厂办国营牧场宰杀牛羊，分给职工食用，有力证明牛羊是健康的。二二一厂进行的核设施退役处理工程，也是世界上第一个核武器研制、试验基地，经处理达到无限制地转为一般工、牧业使用的全开放城市。

24. 功载千秋

40号文件传达后，职工强烈要求，兴建纪念碑，发放纪念册，以怀念221艰苦卓绝奋斗的岁月，纪念为原子弹、氢弹突破而献身的光辉历程。职工们激动地说："哪怕是自己出钱，也要办，一定要办好。"厂、矿领导组织班子进行筹划，待撤厂工作取得突破进展后正式启动。1992 年 7 月厂、矿办公会议，确定碑址选定在总厂办公楼马路交汇处的东南角开阔地带。纪念碑由总厂工会副主席一级美术师李纯荣设计。设计以原子弹、氢弹突破为起点，到化剑为犁，基地和平利用为历史脉线，展现 221 人在三十六年间，为祖国和人民所建立的历史功勋。纪念碑主体为四面锥体造型，线条简洁，雄伟壮观。碑高原设计为 10.16 米，象征 1964 年 10 月 16 日 15 时，我国成功爆炸第一颗原子弹。在做模型时，高度调整为 16.15 米。张爱萍将军题写碑名，调整办公室黄传贵起草撰写碑文。1992 年 9 月 1 日，风和日丽，彩旗飘舞，锣鼓喧天，鞭炮齐鸣，厂举行了隆重的纪念碑奠基仪式。主席台上摆放着纪念碑模型，高副书记主持，厂长在讲话中说："纪念碑的建立，将永远记载核工业几代人，在中央正确领导和全国人民大力协同下，坚持独立自主，自力更生，突破原子弹、氢弹；完成国家 16 次核试验和两次常规武器试验，核武器化，批量生产装备部队；延寿研究；工艺研究；常规武器战斗部开发的历史功勋。它将激励 221 人，发扬"两弹一星"精神，为圆满完成厂的战略调整再立新功。"青海省工艺美术研究所，以高度的政治热情，承担了纪念碑的施工任务。碑的主体浇灌时正值隆冬，他们吃住在工地，采取有效保温措施，抢战主体浇灌，确保施工质量。到福建选用优质花岗岩，进行刻字和浮雕。碑的南北两面，各有 18 块花岗岩分别镌刻着原子弹、氢弹爆炸蘑菇云浮雕。碑的东面是时任中央军委副秘书长、国防部部长张爱萍将军题写的 12 个行书大字："中国第一个核武器研制基地"。碑的西面是用仿宋体镌刻的 527 个字的碑文，记载着 221 人为国家国防现代化，艰苦创业、无私奉献、团结拼搏、勇攀高峰的时代精神和不朽业绩。碑的顶部四面是四只展翅翱翔的和平鸽，她向世人宣告：

热爱和平的中国人民，发展核武器宗旨在于防御。碑的顶端是一颗闪亮的原子弹模型，象征着我国第一颗原子弹在这里诞生。碑的下方每面有 9 个盾钉，寓意着厂 36 年的光辉历程。纪念碑坐落在高 3.8 米的花岗岩平台上，四周是大理石方形石柱，南、北、西三面以铁链相连，东面留有九步台阶。1993 年 4 月 25 日，“中国第一个核武器研制基地”纪念碑落成典礼隆重举行。参加二二一厂核设施退役部级验收会议的代表，驻厂部队，厂、矿职工，离退休人员，家属等 1000 多人参加。“中国第一个核武器研制基地”12 个鎏金大字，在阳光照耀下，闪烁着耀眼的光辉。持枪的警卫战士神情庄严地守卫在纪念碑两侧。国务院办公厅秘书局，国家计委，国家环保局和中核总主管部门领导，在锣鼓鞭炮声中为纪念碑落成剪彩。厂长在大会上激情地说：“在厂撤点销号三大任务即将完成的前夕，雄伟壮观的纪念碑落成。她将向世界展示：核工业几代人，为中国核武器发展建立历史功勋的二二一厂，在完成她的光荣历史使命后，将落下庄严的帷幕，画上圆满的句号。还草原一片净土、蓝天。”纪念碑已成为我国第一个核武器研制基地的地标建筑。纪念碑碑文如下：

中国第一颗原子弹在这里诞生，中国第一颗氢弹在这里研制成功。一九六四年十月十六日，中国首次核试验爆炸成功，它向全世界宣告：站起来的中华民族终于有了自己的原子弹。为打破核垄断、维护世界和平做出了历史性的重大贡献。

一九五八年，在以毛泽东主席和周恩来总理为首的老一辈无产阶级革命家的决策和领导下，独立自主，自力更生，创建我国第一个核武器研制、试验和生产基地——二二一厂。三十多年来，广大科技工作者、工人、干部、牧工、家属和人民解放军、警卫部队指战员，在党中央、国务院、中央军委、中央专委的统帅和指挥下，在全国和青海各族人民的大力协同下，在这块一千一百七十平方公里的神秘禁区内，艰苦创业，无私奉献，团结拼搏，勇攀高峰，攻克了原子弹、氢弹的尖端科学技术难关，成功地进行了十六次核试验，实现了武器化过程，生产出多种型号战略核武器装备部队，壮了国威、壮了军威。这一壮丽事业是几代人连续奋斗的结晶，多少人为之贡献了青春年华，有的献出了宝贵生命，党和人民不会忘记，共和国不会忘记。

雄关漫道真如铁，而今迈步从头越。遵照党中央、国务院的战略决策，二二一厂已经完成了它的历史使命，万名职工和他们的家属，带着核事业的优良传统和草原人的创业精神，告别核基地，奔赴新岗位为我国社会主义建设，谱写更新更美的篇章。

为中国核武器建立了历史功勋的人们，功载千秋！

中国核工业总公司二二一厂建立

一九九二年九月一日

25. 化剑为犁

基地移交利用和职工在西宁市的安置一同进行。从 40 号文件下达开始，中核总、青海省领导极为重视，成立了中核总、省协调领导小组和办公室。厂成立了张书记为组长的移交领导小组，以厂为基地开发利用，与成都化工设计院共同编写了 20 万吨纯碱项目的可行性论证报告，初选了厂址，在向化工部和化工规划院争取立项上，由于缺乏竞争力而落选。省领导带领有关市、厅、局领导来厂进行调查研究，规划基地接收利用。经多方考察论证，并报上级批准，基地决定移交青海省海北州接收利用。海北州是一个多民族经济欠发达地区，在 221 基地创建过程中，海北州最肥美的银滩草原作为厂址。厂区被划定为国家禁区后，省、州、县在生产力布局，规划地区经济发展上，受到很大的制约，为我国核武器的发展做出了无私的奉献。海晏县又是有声望的活佛众多的地区。迁出的1279户牧民，因厂的撤销强烈要求迁回，对他们目前的困难必须给予适当解决。基地的移交和利用既是经济问题也是民族问题。州在接收利用基地上存在很大困难，除向海北州无偿移交牧场、电厂、医院、学校、运输、动力、通讯广播电视等13项厂房、设施、设备、牲畜外，厂、矿领导进行认真研究，建议上级给予海北州接收的厂房设施，五年的管道、房屋维修费，牧场草库仑建设和1279户牧民困难补助费，得到中核总的批准，这为加速基地顺利移交创造了有利条件。国营牧场牧工也极为关心他们的安置，派代表与厂长兼矿办主任进行座谈。那天60多名牧工骑着马和摩托车，送他们的代表来到矿办门口，一时间矿办门口，摩肩接踵，熙熙攘攘。牧工们在科技图书馆南边耐心等待。代表们就牧场性质，牧工安置，当年农业歉收等有关问题，与厂长兼矿办主任进行了坦诚友好的交谈，最后达成共识，他们满意地离去。1991年3月在北京召开了青海省、中核总第二次协调领导小组会议，形成向国务院联合请示的报告和会议纪要。1992年3月16日，海北州55人接收小组进厂，本着成熟一块移交一块的原则进行。由于沟通协商不够，在移交过程中，也产生了一些矛盾和冲突。地方政府在厂区发布公告，一时造成部分安置职工所需设备物资出厂受阻。后经上级及时协调，达成谅解，维持了原状，移交工作得以顺利进行。

基地维持和移交，是相辅相成不可分割的两个方面。厂、矿保持社会稳定，厂房、设备、物资保存好了，职工安置、基地移交才能顺利进行。进入撤厂后期，大批人员离厂，基地维持越来越困难，学校老师下山，学校学生大量减少。在合并地处X厂区的第X小学时，小学生改由坐班车到总厂上学，学生一时挤上车无座位，学生家长联名写信，打电话质问厂领导。这说明我们工作不到位，家长和学生有意见可以理解，我们耐心听完意见，再次与民政局、交运处商量及时增派班车和维持秩序的人员，使学校合并工作得以顺利进行。部分热电厂职工下山，一发三供（发电、供气、供暖、供水）也越来越困难。热电厂的领导和职工，顾全大局，挖掘内部潜力，改变运行方案，实施职工一专多能，加之海北州接收人员参与运行，保证了热电厂一发三供工作正常运行。记得那天已是晚上10点，热电厂张师傅匆忙地敲开了厂长房门，哭着对厂长说："我的腿骨髓炎犯了，以往喝点酒就能顶一阵儿，现在喝了酒也无济于事，找到医院外科又没大夫……"没等他把话说完，我安慰地说："别急，别哭，有话进来慢慢说。"进门后我向他解释，刚才医院领导和外科大夫在我这里开会，研究医院发生的一起突发事件。你们带病坚守岗位，应该首先谢谢你，我随即拨通了医院电话，要求医院给予认真治疗。张师傅临走时，我对他说："要注意保重身体，有病一定要去看，有困难再来找我。"我们的工人师傅是那样的纯朴，默默地在各自岗位上无私奉献。正是他们忘我地工作，才保证了撤点工作的顺利进行。有一个市的考察团代表，来到理发馆理发，与马师傅拉起了家常。马师傅说："我已办完退休手续，马上就要离厂了。回忆起在厂的30年，同志们的感情太深了，真是舍不得离开这个温暖的集体。"说着说着流下了眼泪。这位代表感慨地说："看到你们职工的精神状态，干部一心扑在工作上就是没有想到自己。你们的干部和职工真是好样的。"1994年6月15日，中国核工业总公司国营二二一厂向青海省海北藏族自治州正式签订移交协议，成为世界上第一个化剑为犁的核武器研制基地。针对离退休人员强烈要求留在核工业系统内的意愿，我们本着先安置后移交的原则，在抓紧人员安置的同时，厂和中核总调整协调办公室通过多种渠道，积极向上级反映。在基地移交、人员基本安置完毕后，国务院副秘书长石秀诗与有关部门协调，确定安置后的离退休人员留在核工业系统内，并成立相应的管理、服务机构。至此，二二一厂撤点销号的任务圆满完成。这是党中央、国务院、中央军委的正确决策和支持，中央各部委和地方政府的理解和帮助，中核总的正确领导，军工局和厂、矿各级领导，怀着强烈的使命感，含辛茹苦、卓有成效工作的结果，也是广大职工、离退休人员、家属和驻厂部队，顾全大局、无私奉献、顽强拼搏、历经急、难、险任务的考验，实现了撤点销号软着陆。这是221人发扬“两弹一星”精神，在新的形势下交给祖国和人民的一份满意答卷。

26. 红色好管家

让人尊敬的红管家叶定松总会计师，20世纪50年代毕业于中南财经学院，一直勤奋地工作在国防财经战线上。他为人耿直正派，精力充沛，工作严谨。他从20世纪80年代担任总厂总会计师，我们共事了近11年。他经手的每笔账、每笔款都清清楚楚，一目了然，是一位让领导和职工放心、尊重的“红管家”。他生活充实，有忙不完的工作和孜孜不倦地学习热情。他爱人同在财务战线，主持一个单位的财务工作。他们相互促进，相互支持，生活过得有滋有味。工作中遇到困难，他坚定、果断从不彷徨，勇往直前。有一年主产品投入生产，大量流动资金被占用，一时流动资金周转困难。他及时与军方沟通，得到军方理解，提前支付了部分货款，保证了科研、生产、生活正常运行。在产品定价谈判中，本着实事求是原则，经过充分而耐心细致的谈判，取得了较好的定价。厂长委托他“一支笔”审批厂、矿所有资金的支出。他虽精打细算，但该花的钱也舍得花，如每年科研、技术改造、离退休安置、待业青年就业等。而接待、办公费用，本着少花钱、多办事、办好事的原则，审时度势处理。他每年提出增收节支目标，动员全厂、矿努力增收节支取得较好成效。在撤点销号的特殊时期，他作为财、物领导小组组长，主持制定了撤厂期间加强财务、物资、设备、房产家具管理的补充规定，对低值易耗品，办公用品，图书的处理也有严格的审批程序。在国家有关文件规定下，结合企业的效绩，审批科研、生产、安全、质量、进度承包奖；增设临时重大任务单项奖；提高经济责任制考核奖励的幅度；增加中国三大传统节日（端午、中秋、春节）职工过节费等。每年的财务预、决算和大额用款，都与厂长商量或提交厂务会议审定。正是由于他与财、物、房产系统职工的有效工作，为撤点销号创造了良好条件。1996年4月，中核总审计部门对二二一厂撤厂财务收支情况进行审计，审计意见指出："二二一厂撤厂资金来源清楚，开支合理。撤厂期间各项资产的处理符合国家规定，流动资金的回收较好。此外，厂还结合撤厂期间的实际情况，制定了一系列撤厂制度、规定，为完成国家交给的人员安置、核设施退役、基地移交等撤厂任务起了很大作用。在审计中未发现重大违纪问题。"叶总是人们尊敬的兄长，他执著的工作热情，严谨务实的工作作风和无私的奉献精神，将永远铭刻在我的记忆中。

在草原工作的33年，在我记忆中一直未能尘封，也未化作淡淡的烟云，而是真真切切，如在昨天。人生中的这一段，是如此刻骨铭心。往事历历，永远新鲜。近万名创业者和后来人，已分赴祖国各地奔上新的工作岗位或离退休人员安置点，他们将"两弹一星"精神带到祖国各地，创业者的历史功勋，写在共和国的史册上，也印记在辽阔的金银滩草原上。当我们退休后住进城市的一个角落，安静地欢度晚年的时候，我们面颊上因长期高寒缺氧留下的红丝，印证着我们在遥远无际的银滩草原奋斗、拼搏的岁月，那是一部记载着我们美好回忆、值得我们经常翻阅的辉煌史书。

221基地是发展我国核武器首先立功的地方！

祖国人民永远不会忘记！

27. 重返金银滩

2007年6月，我国第一颗氢弹爆炸成功40周年前夕，应广州报业集团邀请，我和爱人从北京前往原二二一厂，随广东地区原221基地工作的同志，一同重返原子城，寻找过去的足迹。

一登上西行的飞机，脑海里的思绪，伴随着飞机发动机的“隆隆”声翻滚着。许多往事和情景，清晰地浮现在自己的脑海里。那里有我年轻时理想的追求，也有我中年奋斗留下的回忆。晚上抵达西宁市，就沉浸在第二故乡的温暖之中。老同事来到住处，送来了从广东带来的鲜荔枝，阔别重逢的老战友，千言万语汇成一句话，那就是深情的问候：“分别后生活怎么样，身体好吗？”昔日血气方刚的青年创业者，如今都成了年逾古稀的老人，十四年谋一面，怎能不心潮澎湃呢！

第二天清晨，天空下起了小雨，天气转冷，我们穿上了棉毛衣，一行30多人登上轿车，向西海镇进发。汽车飞速行进在新建的一级公路上，路过多巴“国家高原体育训练基地”，进入青藏公路，汽车在文成公主进藏的日月亭旁停下来，虽然已是六月，在山的风口地带，还不时飘起小小的雪花，马路旁的藏民牵着纯白色牦牛，向游人出租军大衣，大家纷纷同他合影留念。之后，我们的车向青海湖北岸的旅游景区驶去，来到青海湖景区，这里曾是151鱼雷试验场，为保护生态环境，早已撤销，码头停有游船，湖中的游艇来回穿梭。码头长堤两旁，高原特色旅游产品——牛仔帽、昆仑玉器、牦牛梳等应有尽有。我们游览了景区，饶有兴趣地参观了高原动植物标本馆。汽车从刚察方向进入西海镇，车厢里顿时热闹起来，人们纷纷站了起来，抬头向前观望，发出阵阵的欢叫声：“你们看，那红色的屋顶不就是总厂生活区吗？”“我们回来了，我的第二故乡。”汽车在刻有“金银滩”字样的大石碑旁停下来。州委林副书记等热情迎接，向我们一一献上洁白的哈达，大家在“金银滩”石碑前合影留念。而后驱车，沿着新建的宽阔马路进入西海镇。映入眼帘的是新建的公园式广场和州政府办公大楼、法院、检察院等建筑群，经过精心改造的马路两旁，新旧建筑错落有致，一派生机勃勃的景象，宛然是一座现代城市的雏形。来到“中国第一个核武器研制基地”纪念碑前，纪念碑在花木、雕栏的簇拥中巍然屹立。林副书记介绍说：“多位中央领导先后视察了西海镇，原二二一厂确定为国家级爱国主义教育示范基地，国家拨款在纪念碑南200米处新建的博物馆，预计明年竣工。落成后博物馆将以丰富、准确的图片、模型、实物和现代电、声、光技术再现原子弹、氢弹突破的壮观情景。”“办公楼、俱乐部外墙要恢复原貌，原科技图书馆的展览搬入博物馆后，改造成州的新闻、文化活动中心。”我们一同参观了“我国第一个核武器研制基地展览馆”，展厅按照编年以基地建设、核武器理论原理、研制、试验、生产等顺序排列，图片、实物、模型琳琅满目。在氢弹爆炸蘑菇云模型前，我接受了海北州电视台的采访。步出展览馆，对面的原二二一厂办公楼，现在是西海镇政府办公的地方。漫步在林荫道上，那些粗壮的树林，是221人艰苦创业的见证。当年生活福利处林场的技术人员和工人，面对“一年种，两年黄，三年见阎王”的困境，不断试验，终于摸索到避开冬季北山口寒风袭击，沿着地下暖气管线和楼房旁种树的办法获得成功。30多年前种植成功的树木，如今枝繁叶茂成为草原的一大景观。来到俱乐部前广场，俱乐部毗邻的文化宫，现在是州委办公场所。广场东南的邮电局“地下指挥中心对外开放”的红幅标语，十分醒目，吸引不少前来旅游的参观者。总厂生活区的11栋黄楼外墙粉刷一新，阳台已用玻璃窗封闭。3、4号黄楼之间的“全国重点文物保护单位——中国第一个核武器研制基地旧址”石碑已装饰一新。张爱萍、刘杰、李觉、吴际霖等领导和王淦昌、郭永怀、彭桓武等科学家曾在1、2、3号黄楼居住过。当晚，我们下榻七厂大桥西北方向草滩上的大型休闲度假村——“金银滩藏家风情苑”，受到身穿少数民族服饰青年少女的热情欢迎。三星级标准的板房帐篷，座落在一米高的水泥板上，几十幢星罗棋布的帐篷，住宿区、餐饮区、演出区连成一片。演出区是一座高大的帐篷式的“金银滩洛宾演艺中心”，中心前的水泥广场耸立着一座藏族少女卓玛骑着骏马的飘逸的雕塑。晚上州委林副书记设宴款待我们，宴会洋溢着海北人民和221人一家亲的热烈气氛。第二天我们驱车，游览了七厂区、三厂区，汽车在二分厂围墙外停下来，院内地堡式的厂房，像一座丘陵蛰伏，等待开发利用。路过四分厂，热电厂现已停运。一眼向前望去，远在一分厂北边的新建热电厂，米黄色高大的厂房和冷却塔正滚滚冒着热气。汽车路过一、二分厂的三岔路口，这里曾是李觉将军三顶帐篷开始创业的旧址。一分厂各车间和105大楼外墙按原貌粉刷一新，105大楼外墙上“用毛泽东思想武装一切，全心全意为人民服务”的白边红底大字引人注目。104车间已改造成西北电力设计院西海电厂项目部用楼。105大楼，102车间内部正在施工整修以恢复原貌。路过交运处，火车已停运，产品车厢和客车厢已包封起来，车间已改为碳化硅生产厂。三分厂，已改造成海北州铝业有限公司的生产、办公场所。301车间扩建成铝的熔炼 、浇铸车间。由于广东地区原221基地工作的同志已购买了当晚的返程机票，大家只能依依不舍地作了告别。之后，我携爱人和二二一离退休人员管理局的同志，来到656试验工号西北不远处的“填埋坑”，这里立有“退役工程竣工纪念碑”。正巧遇上省环保局的小邢在这里取水样，他告诉我，填埋坑周边已修了排水槽，他们定期在周围的井下提取水样，对周边的土壤、草皮和牛羊取样分析，总的情况比较好，未造成环境污染。随后参观了656试验工号，地堡外墙铁板上残留着的爆轰试验的累累斑痕，向人们诉说那如火如荼的奋战历程。掩体内的各工作间和各类实验仪器，栩栩如生的工程技术人员的蜡像，凝固着夜以继日攻关会战的历史。告别工号登上汽车，在崎岖的草原小道行驶，来到牦牛沟附近的一排平房，昂巴（藏族）全家在门口迎接。我们按藏族礼仪向主人敬献了青稞酒，主人迎接我们进入正厅，茶几上摆满了手抓羊肉、肉肠、血肠、油炸果子、烙饼、各色水果、糖果。我们坐在沙发上，有的盘腿坐在坑上。主人端上香喷喷的酥油奶茶，我们一同拉起了家常，得知牧场向海北州移交后，牧民得到州、镇政府的妥善安置，牧民生活安定。原基地牧场石发友副场长已提拔为国营同宝牧场副场长，原牧场实习医生朱义现在是州人民医院的主治医生。有的青年牧工在西海镇办起了旅馆、餐厅。昂巴也退了休，每月领取 700 多元退休金，并享受医疗保险。全家三代同堂，十口人再次搬进了新盖的砖房，有自养羊 300 多头，牦牛 50 多头，一家其乐融融，安享晚年幸福生活。听到这些我们感到特别欣慰。不知不觉间聊了一个多小时，我们告别了主人，满载着海北州各族人民的深情厚谊，再次告别了金银滩和西海镇。

28. 做客《新闻会客厅》

2007 年 5 月 28 日，王淦昌先生诞辰一百周年纪念日。6 月 17 日，是我国第一颗氢弹空投爆炸成功四十周年纪念日。4 月 28 日，原二二一厂地下掩体对外开放，引起媒体广泛关注。我接受了中央电视台新闻频道记者的采访，第二天应约来到录制厅，进行了 1 小时 10 分钟的节目录制。一是宣传二二一厂的历史贡献；二是较准确的介绍地下掩体的情况。节目主持人李小萌，我们没有见过面，她将提出什么问题，事先也没有沟通。节目录制时，主持人对我说：咱们简单地聊聊，就开始了录制。在强烈的灯光照射下，一时还不适应，自己力图控制把话说得慢一些，过了一会儿才慢慢适应下来，录制一次完成。6 月 11 日晚 10 时 30 分，第一次在中央电视台新闻频道《新闻会客厅》中播出后，原在二二一厂工作过的同志纷纷打来电话说：看过节目后，感到格外亲切和自豪，祖国人民没有忘记我们。但还是感到内容上的不满足。现把这次《新闻会客厅》节目内容整理出来。

李小萌（以下称李）：您好！观众朋友，欢迎来到《新闻会客厅》。今天我们节目的嘉宾，在人生当中 33 年里遵守着一个原则：那就是不该问的不问，不该说的也不说。他就是原子城的最后一任厂长。欢迎您来到我们节目。时至今日，是不是还有些东西是我不该问，您知道的也不说？

王菁珩（以下称王）：还有。

李：那您要给我一个提示吗？什么是不能问的呢？

王：你问到的时候我不做答复，那就是属于保密的。

李：最近开放的地下指挥中心，是不是当时原子城最后一块被揭秘的地方呢？

王：到目前为止可以这么说，至于以后随形势发展，那就很难说了。

李：您还是有保留的，看来还是有可发掘的地方。

王：地下指挥中心实际上是一个地下掩体。

李：差不多是地下九米多吧？

王：九米多。比较简单，没有粉刷装修，主要任务是：基地受到空袭威胁时，基地领导和科学家们就进入掩体，通过掩体内的通讯设施，保持与上级的联系。

李：您说这个指挥中心很简单，我想肯定因为您对那儿太熟悉了，像我们这些年轻人，看到媒体的报道觉得可神秘了。比如说它的门有几米厚，毒气也进不去，水也进不去，电路都还是通的，而且当时电话可以直接打到北京最高层，实际情况是这样吗？

王：不完全是这样。那里面有发电、排风、配电系统，有载波机发电报保持与核工业部联系畅通。

李：和部领导的联系畅通，不是中南海吗？

王：根据我们的规定，我们是一级一级向上报，而不是直接往中央报告。

李：您说得这么轻描淡写，但是我们的期望值是很高的，您得给我们说说这里面的情况，值得看吗？

王：里面还有会议室、发报室，领导进入后，可以在里面开会、发电报，保持和部机关的直接联系，所以我们并不觉得有多么神秘。

李：那我理解了，到那个地下指挥中心去参观的话，不见得你肉眼上能看到什么特别东西，但是是一种感觉，是一种对那段历史的感受。

王：对。

画外音：这是1957年，由著名导演凌子风执导拍摄的一部鲜为人知的电影《金银滩》，它讲述的是发生在金银滩农奴翻身得解放的故事。即便是在当时，一切以政治为纲的特殊年代，影片从主题到内容并没有任何越规之处。然而，就在公映刚刚半年之后，电影被突然停播了。40年的时间里，禁映的谜团随着电影拷贝一起被尘封在库房的深处，除了极个别的当事人直到今天依然很少有人知道，这个电影停映的唯一原因，就是因为故事发生地与神秘的核基地有关。

王：1958年5月31日，中共中央总书记邓小平批准了核工业部上报的选址报告，我国第一个核武器研制基地选在青海省海晏县金银滩上，这个地方成为国家的禁区。这部电影也就禁演了。

李：不仅是电影禁演了，地图上都找不到这个地方了是吗？

王：地图上有海晏县，但金银滩是一个草原，地图上没有标注。

李：这个县有，但是这个具体地方就没有了。

王：对。

李：这么一个神秘的地方，在这里工作、生活可能都要受到保密纪律的严格要求，工作人员初到原子城受到的第一个教育是什么？

王：是保密教育。进入这个基地的职工，要接受保密教育。保密教育一般是个别谈话的多，由保卫部门的同志负责进行谈话。

李：逐个去跟他讲？

王：对，哪些该说，哪些不该说，都有严格规定。总的精神就是不该说的不说，不该问的不问。

李：什么是不该说的？不该问的？

王：比如说我们从事技术工作的，事业的性质，事业的地点，技术上的情况都是不能说的。我们科研技术小组之间是不发生横向往来的，别人做的技术工作内容，我们是不问的。

李：那就是在那里工作，互相要少一份好奇心。

王：对，不要有好奇心，我们已经养成了保密的习惯。我们每人有一个保密包，每天上班的时候，要到保密室领取。

李：什么样子？

王：保密包就是咱们说的帆布包。一天的科研生产活动记在保密本上，科研总结写在科研报告纸上。用线绳系好娃娃泥封上盖上印章，下班时交到保密室。

李：没有其他人有权力打开这个包了？互相都不知道彼此的包里写了什么，装了些什么？

王：对。

画外音：这段十几年前，航拍的影像资料清晰的反映当年 221 基地的规模与布局。许多建筑群布满在金银滩上，一条铁路穿梭其间，将散落的棋子串联起来。

如今这里已经成为一个旅游胜地，对于前来参观的游客来说，他们并不知道40年前，这个建筑群里曾经发生过什么，他们也不清楚，这里的地下暗藏着多少秘密。其实又何止今天的人们不知道，即使对于曾经生活工作在这里的人们，当他们回忆那段生活的时候，听上去也依然有说不完的秘密。

采访221基地二分厂技术工人赵振宇：我就跟你说最简单的吧，我加工的产品，我不知道产品尺寸，那是技术员掌握的。他叫我进多少（尺寸），我就进多少。最后加工完了，产品（内球）尺寸越来越大，我有点火了，这个产品你保密是保密，连尺寸我都不知道怎么干呢？所以（当时）保密性相当严。

画外音：其实核基地的保密程度远不止普通技术工人感受到的这些，他们还不知道，当时他们所在的金银滩，周边近2000平方公里的土地事实上变成了军事禁区。就是在这样的保密情况下，20世纪初期，美国不断派遣飞机潜入中国腹地，侦察刺探原子弹基地的情报，苏联也在密切关注着研制的进展。为此221基地实行了更加严格的保卫措施和保密制度。

采访刁有珠：221禁区初期是1100平方公里。刚开始是八个哨所，八个哨点，一个哨所一个班，六号哨所是一个排，保证禁区的安全。

采访赵振宇：我们二分厂大门有警卫，每个工号门前还有警卫。不是这个工号的是进不去的。

李：我听到一个说法，说如果没有通行证，鸟都飞不进去。

王：倒不是鸟飞不进去，就是有严格的保卫、保密规定。比如我在102核材料车间工作，车间大门有解放军站岗，出示盖有“102”字样图章的通行证才能进去。要再进入车间内的装配工号还有站岗的，出示盖有“装”字的通行证，我才能进去。

李：站岗的解放军荷枪实弹吗？

王：基本上荷枪实弹。

李：这气氛真凝重。

王：对，我们习惯了。

李：您后来是厂长了，您那个通行证是不是可以到处走呢？

王：是，我的通行证上盖有“全”字。

李：那这个证您得保存好，不能丢吧？

王：当然不能丢。

李：您刚才讲了好多代号，我发现一般都有什么样的代号，比如工作内容，还有车间有代号吗？

王：车间、实验室、工号有代号，产品有代号，实验任务也有个代号。我们个别知名科学家，像著名的核物理学家王淦昌，他自从事核武器研制工作开始，就隐姓埋名，取名叫王京，隐姓埋名十七年，直到“文革”结束后的两年，大概是 1978 年，国务院任命他为二机部副部长的时候，人们才从报纸上见到他的名字。

李：其实在进入基地之前，王淦昌先生已经有很大知名度了，在这十七年当中一流的学术会议的会场，包括国内国外的都找不到这个人了。

王：对，是这个情况。王老在苏联杜布纳核技术研究所任副所长时，他所领导的小组在反西格马负超子的发现方面有突出贡献，可望冲击诺贝尔奖。他回国后，刘杰部长找他谈话，转达了周恩来总理的指示精神，要调他领导核武器研制工作的时候，部长给他三天时间考虑，王老毫不犹豫当即表示“我愿以身许国”。我们的科学家和工程技术人员就是这样无私奉献，隐姓埋名为核武器的发展做出了突出贡献。

李：当时在厂区里面，大家都认识他吗？他出入的时候会不会有人关注、看他？

王：有人关注。当时为了他们的安全，还配有警卫人员。

李：我也看到资料说，就是你们亲手研制生产的原子弹爆炸成功了，全国人民知道的时候，你们却都并不是很清楚。

王：是，只有从事与产品接触比较紧密的生产、技术工作的人知道，一般的人员并不知道。我们那里是科研、企业、政府合一的单位，有青海省人民政府矿区办事处十三个局。文教局下属四所中学，四所小学。这些部门的职工并不知道原子弹是从我们那儿出去的。

李：生产、技术部门还是清楚的吧？

王：生产、技术部门也不见得，有些部门也不一定知道。

李：那好像是一个汽车厂，我做的是零件，但并不知道最后它将总装成一辆汽车。

王：在当时的情况下是这样的。因为保密有规定，不该问的不去问，我只要把本职工作做好就行了。

画外音：用王菁珩的话说，从接到通知前往青海的那天开始，他和他的同事们就记住了这句话，不该问的不问。

这是一张特殊的照片，它记录了 1963 年 3 月的某一天，北京火车站里，一列装满了实验仪器和人员的火车即将启动。没有鲜花，没有欢送，而是一次秘密的远行。

20 世纪 50 年代末至 60 年代初，大批科研人员 . 技术工人从北京的科研所，东北的军工企业来到 221 基地。今天我们已经很难统计出，当年究竟有多少人怀着一腔热情投入到青海高原的这个基地。但我们可以肯定在当时，他们中的大多数人并不知道自己即将从事的事业事关国家最高机密。

李：工作中的感觉是一方面，可能更强烈的感觉是在生活上，有很多人到这儿来之前，并不知道自己来的是一个什么地方对吗？

王：是这样，1960 年我从北京航空学院毕业。我们四个同学毕业分配时，管分配的只说到遥远的西北核工业系统工作，具体叫什么单位，在什么地方也不清楚。到北京第九研究所报到后，干部部门领导说到“前方”去，到青海省西宁市胜利路105号报到，单位叫“青海省第五建筑工程公司”。在西宁休整期间，正好在招待所遇上同一个卧铺车厢到青海综合机械厂报到的同志，实际上都是一个单位，用了不同代号名称，在火车上也不敢多聊。

李：您那个时候是刚毕业的学生，孑然一身可能还好一点，也有很多工作人员已有孩子，然后从祖国各地调到这个地方来，那跟家属怎么交代？

王：调来工作的，是不能告诉他们在什么地方工作，从事什么工作。

李：跟最亲爱的爱人怎么交代呢？

王：告诉她，保密有规定，不该知道不知道就完了，让她理解。

李：家属应该有不少猜测，也会有一些误会吧？

王：也有。但绝大多数家属是理解支持的。

李：我听到一个有趣的故事，是说在那边日照很厉害，人晒得很黑，所以回到家里，爱人会问你是不是在煤矿工作的，有这种猜测？

王：这种猜测是可能的，因为我们那儿有青海省人民政府矿区办事处，我可能会说在“矿区”工作。加之那个地方平均海拔3500公尺，紫外线很强，所以脸上皮肤晒的比较黑，就可能说你是开采煤矿的。

李：像这么多年轻学生毕业到那儿去，自己的青春时光在那里度过，找对象就只能在这个小范围解决是这样吗？

王：当时结婚是有严格规定。如果说你要在内地找，要经组织审查以后才能结婚。有一位从空军空勤部门转业的同志到上海并有了对象，当他调来基地的时候，因为女朋友家里有老人需要照顾，跟他分手了。基地初期确实存在女同志少、男同志多的矛盾。基地领导很重视，到 1964 年时，从上海、北京招来高中毕业生和技校学生，充实科研、生产队伍，再加上职工医院的大夫、护士，文教系统的老师，商业局的女职工，问题得到较好地解决。

李：调这些女学生去，虽然给她们安排工作，但更大的意义是解决这个问题。

王：有这个因素。

李：很多都是内部解决的。

王：对。

李：这么多人在基地生活二三十年，如果没有撤销，外边的人也进不去，里边的又出不来，再住下去子女再结婚也只能在内部找?

王：所以在基地有个口头禅，叫做“献了青春献终身，献了终身献子孙。”

李：变成了一个村落的感觉，自成为一个系统。

王：应该说，它是一个自成体系的封闭系统，成立“矿办”是国务院批准的。形成公、检、法、司、民政等服务于核武器研制的服务系统。

李：包括生活设施？商场、菜市场、医院、学校都有？

王：有商业局、粮食局、文教局、卫生局。

李：所有人在一个大的单位里工作，每天早上同一时间上班，厂区很安静，下班又都一起回家，街上的景象就会很有规律。

王：是这样。

李：这个保密意识，我想可能不分八小时以外，回到家里，夫妻、父母、子女之间，这根弦还得绷紧。

王：已经形成习惯了，就不觉得怎么样。比如我从事技术工作，我爱人也从事技术工作，后来搞技术管理，我从事的技术工作内容，是不能跟爱人说的。

李：家里墙上要挂着“莫谈工作”。

王：倒没有这样写，实际上是这样做的。

李：这么严格的保密制度下，有没有人有意识或无意识地违反呢？

王：有，曾经有过，也受到处罚。

李：是怎么样的情况？

王：有一位职工在外谈恋爱，声张我们所从事业的性质、地点，造成了影响。有的把一些不该说的情况说给了老同学，而这名老同学出了大问题，受到牵连后，受到了处罚。

李：处罚严重吗？

王：严重，判了刑。

李：判刑啊？

王：是，判了刑。

李：判几年？

王：有几年。

李：这属于不能问的吗？如果他没有坏的动机的话。

王：如果造成了后果，从后果上来考虑，应该给予处罚是对的。特别是在当时的历史条件下，国内外反动势力时时刻刻都在乘机破坏核设施，在当时条件下，采取这样的处罚是应该的。

画外音：上世纪60年代中期，高度机密状态的221基地，为新中国研制出第一颗原子弹和氢弹，这两颗核弹的爆炸成功，向全世界宣布中国已经拥有了自己的核力量。从那个时候开始，先后完成了16次核试验，为我国核武器研究和发展奠定了基础。

1984年，王菁珩成为二二一厂新一任厂长，但他没有想到，就在他任厂长的第三个年头，来自中央的一个绝密文件，文件内容是：根据国际形势和我国军事力量的发展需要，中央决定撤销二二一厂。

李：人员的安置是一方面的工作，但这毕竟是一个核工业基地，走了之后，这里要留下一片厂房和环境，将来来这里的人，都要保证他们有一个安全的好场所，怎么来做？

王：这是我们撤点销号的一项重要工作——核污染设施的无害化处理。厂房、设施、放射性加工的设备等经我们认真去污清理，通过剂量监测，达到技术标准后才能对外处理。我们还挖了一个填埋坑，像低放射性物资如：手套、口罩等在那儿掩埋，这个地点现在也对外开放了。

李：好像高放射性物资，加工车间的墙皮都刮下来厚厚一层。

王：对，放射性工号墙皮要刮掉，附在下水管道的炸药要焚烧掉，分类进行处置，通过了国家验收，221 人为基地的移交最后画上了一个圆满的句号。

李：我想随着地下指挥中心的开放，这个新闻发布出来，很多在这儿工作过的同志通过媒体看到，大家会不会重新燃起一种回去看看的想法？

王：会。原来在厂区工作的人员，并不一定知道有个地下指挥中心，当然开放了，如果他身体好，他会有机会去看看。

李：您觉得随着地下指挥中心的开放，会不会成为当地一个旅游热点？

王：会引起人们的关注。过去那么神秘，保密性那么强，还有一个地下指挥中心，想去看看它的实况，究竟怎么样？

李：成为一个旅游热点，可不可以说也算是这个基地给当地的一个回报？

王：我觉得青海省海北州海晏县，在我们整个基地建设发展的三十六年里，作出了很大贡献和牺牲，首先他们把最好的金银滩草原划为国家禁区，作为核武器研制基地，迁走了1279户牧民。其次，由于基地保密需要，省、州、县对这个县的经济发展规划和建设也都受到很大制约，从这个意义上说，省、州、县为我国核武器研制和发展作出了贡献，我们不应该忘记他们。

李：您经历这么多，怎么看待这三十多年？

王：我觉得应该说无怨无悔，不管怎么样，也为祖国的核事业，做了一点自己应做的工作，我感到很欣慰。

221基地体制机构的演变

221基地——我国第一个核武器研制基地（中国工程物理研究院的老家，后来的二二一厂），坐落在青海省海北藏族自治州海晏县金银滩草原。曾为我国原子弹、氢弹的研制，第一代核武器的研制，批生产装备部队，作出了历史性贡献，是发展我国核武器首先立功的地方。

1964年3月2日　二机部九局、北京第九研究所、国营综合机械厂合并组建了第九研究设计院和221研究设计分院。分院党委书记由九院第二书记刁筠寿兼任，分院院长李信。分院下属实验部、设计部、第一、二、三生产部等。

1965年2月15日　二机部党委，为加强领导，精简机构，减少层次，又将221分院与九院合并。221研究设计分院存在不到一年时间。

1965年9月9日　在九院内又成立二二一厂党委。九院党委副书记、第一副院长吴际霖兼任厂党委书记，内设机构又重新纳入二二一厂党委领导下。

1965年10月20日　四清工作开始，成立国营二二一厂四清分团和分团党委。下设实验部、设计部、第一、二、三生产部等工作队。

可以看出1964年3月2日—1965年2月15日，局、所、厂合并，成立了九院和221分院。1965年2月15日—1965年9月9日，分院又合并到九院。1965年9月9日—1974年1月1日，再次分为九院、二二一厂。可以说，是合中有分，分中有合。文革期间也是如此，不管是分还是合，内部管理机构只有一套，党委名义上有两个办公室，分管院、分院（厂）党委日常工作。经与原办公室的丁毅、缪仲甫回忆，实为一套人马，一人管两家的印章。

1964 年年底，在 221 九院派出一支六七十人的队伍，开始在四川、贵州的三线选址。经半年的考察、勘测后，决定把中枢机关定在四川省梓潼县长卿山南麓的山脚下。

1965 年 4 月 3 日，在 221 成立了 902 基建指挥部。开始了代号为“九 0 二工程”的核武器研制基地建设。

1965 年 5 月，中央批准了九院的选址——902 基地。

1969 年，902 基地正式启用。大批九院职工搬迁 902 。

1974 年 1 月 1 日在 221 基地的院、厂正式分家。院、厂二家分别成为核工业部军工局下属的二个正局级单位。

直到 1990 年，中国核物理研究院离开了核工业系统，成为副部级计划单列单位。所以说从 1964 年 3 月 2 日到 1974 年 1 月 1 日（文革期间也是一样），院、分院（厂）同是一家人，一套机构，二块牌子。正如李觉将军所说，我到哪里，九院（局）就在哪里。在 1984 年，国家颁发的“原子弹突破和武器化”“氢弹突破及武器化”国家科技进步特等奖，均发给除了九院和二二一厂。所以，在 1974 年 1 月 1 日前，用小写的数字 221 或 221 基地，包括了九院，分院（厂）。其后就用大写的数字二二一或二二一厂。

221 基地历届主要领导人

1. 青海第二机械实验厂筹备处（1959.1.12—1959.6.25）

书　记：李觉（青海省委常委、九局局长兼）

副书记：徐步宽

2. 青海机械厂筹备处

1959.6.25—1962.6.2

书记：徐步宽

主任：李信

1962.6.2—1963.2.2

书记：赵敬璞（九局书记兼）

主任、党委副书记：李觉（九局局长、副书记兼）

副书记、政治部主任：徐步宽（九局副书记兼）

副主任：李信、乔献捷（九局副局长兼）、彭非、刘志民

政治部副主任：张有才

副主任：崔银茂、肖光、王志刚（以上为党委常委）

1963.2.2—1963.5.9

代理书记：李觉（在赵敬璞休养期间）

副厂长：王志刚、乔献捷、李信、彭非、李英杰、徐庆宝

（以上六人 1963 年 2 月 27 日任命）

3. 国营综合机械厂（1964.1.1—1965.9.9）

代理第一书记：李觉（1963.5.9—1964.3.2）

第二书记：刁筠寿

副书记：吴际霖

4. 九局、北京第九研究所、国营综合机械厂合并，成立第九研究设计院、221 研究设计分院（1964.3.2—1965.2.15）

九院代理书记：李觉

第二书记：刁筠寿

副书记：吴际霖

九院院长：李觉

第一副院长：吴际霖

副院长：郭英会、王淦昌、郭永怀、彭桓武、
马　祥、乔献捷、彭　非、朱光亚、
程开甲，李　信、陈能宽、徐庆宝
（后面三人 1965.2.27 任命）

221 分院书记：刁筠寿（兼）（1964.3.2—1965.2.15）

副书记：吴丕恩

221 分院院长：李信（1964.3.2—1965.2.15）

副院长：陈能宽、李英杰、徐庆宝，田子钦、
聂怀德（后面二人 1964.7.22 任命）

建筑设计分院院长：李力

书记：姚军山

5. 221 分院与九院合并为九院（1965.2.15—1965.9.9）

九院书记：李觉

第二书记：刁筠寿

副书记：吴际霖、吴丕恩

常委：李觉、刁筠寿、吴际霖、吴丕恩、王志刚、
马祥、李　信，郭英会、袁冠卿、朱光亚
（后面三人 1965.9.9 任命）

九〇二基建指挥部（1965.4.3—1968.1）

总指挥：刁筠寿（兼）

副总指挥：袁冠卿、李英杰、马祥、刘子明、姚均山、李力

书　记：刁筠寿（兼）

副书记：苗兆瑞、徐杰，袁冠卿、刘志民、吴法周

（后面三人任职 1965.9.9—1968.1）

6. 二二一厂（1965.9.9—1965.10.20）

书记：吴际霖（九院副书记、第一副院长兼）

副书记：王志刚、史克胜

7. 国营二二一厂（1965.10.20—1968.1）

四清工作分团团长：刘西尧（二机部副部长兼分团书记）

（1965.10.20—1967.3.4）

副团长：李觉、戈克平、申居昌、李戈，李毅（1966.3.4 任命为分团副书记兼常务副团长）

8. 实行军事管制（1967.3.4—1968.1）

军管组组长：贾乾瑞（1967.3.4—1967.5）

姚光（1967.5—1968.7）

9. 国防科委接管九院

启用中国人民解放军总字八一九部队番号（1968.1–1973.6.20）

军管组组长：王俊峰（1968.7—1968.9.17）

厂革命委员会成立（1968.9.17）

主任：王荣

第一副主任：董仁

副主任：徐超

九院临时小组成立（1968.9.22）

肖泽泉、王荣、武世鹏、李月坤、王俊峰、朱光亚、刁筠寿

九院二二一厂（1968.9）

厂长：徐超

政委：吴世俊

二二一厂党的核心领导小组（1968.11.6）

组长：王荣

成员：董仁、徐超、龚幼卿、吴北针

九院院长：王荣（1969.11.1）

政治委员：肖泽泉

副院长：董仁、李英杰

副政治委员：刁筠寿

九院院长：朱玉荣（1969 年 12 月初）

政委：姚陆

厂启用中国人民解放军兰字八三九部队番号（1970.12.9—1974.4.19）

中国人民解放军二二一厂（1970.12.9—1972.5.31）

中国人民解放军第九 0 八厂（1972.5.31 —1974.4.19）

10. 中央工作组（1969.11.28—1971.9.13）

组长：赵启民

副组长：赵登程

九院临时党委成立（1970.2.17）

书记：肖泽泉

副书记：王荣

常委：朱光亚、董仁、刁筠寿、李月坤、胡毅

（1974 年 1 月 1 日，院、厂正式分家，院迁往四川）

11. 国营二二一厂（1974 年 4 月 19 日 使用）

中央联络组组长：梁步庭（1974.2.20—1975.11.8）

副组长：赵振清、刘书林

12. 国营二二一厂

临时党委书记：梁步庭（1974.9.16—1977.8.5）

副书记：刘书林、董天祯
革委会主任：刘书林
副主任：胡深伐、梁士超、王健、苏耀光、李颖春、
白东齐、谢平海、郭宗仪、刘秀洪（女）

13. 国营二二一厂

临时党委书记：刘书林（1977.8.5—1977.10.17）
副书记 、革委会主任：胡深伐
副书记：郑祖英
革委会副主任：董天祯
副书记兼政治部主任：梁礼秀
革委会副主任：魏孟川
厂　长：胡深伐（1978 年 8 月 15 日 撤销革委会，实行党委领导的厂长负责制）
副厂长：苏耀光、白东齐、董天祯、谢平海、
魏孟川、刁有珠、高光祥
书　记：刘书林（1977.10.17—1982.8.25）
副书记：胡深伐、郑祖英、王健、梁礼秀
副厂长：刁有珠、高光祥 陈家圣、郑哲、亓瑞云

14. 国营二二一厂

书　记：郑祖英（1982.8.25—1983.8.31）
副书记：刁有珠
书　记：刁有珠（1983.8.31—1984.10.5）
厂　长：白东齐
副厂长：王菁珩、高光祥、郑哲
总工程师：陈家圣
总会计师 ：叶定松

15. 国营二二一厂

厂　长：王菁珩（1984.10.5—1993.5 实行厂长负责制）

书　记：张秀恒

副书记：高桐淮

副厂长：吕义晋

总工程师：陈家圣

总会计师：叶定松

矿办副主任：曹登实

（以上人员均为党委常委）

副厂长：任春泽、蔡金生、孙铁柱、丛洞一

（暂缺青海省人民政府矿区办事处历届主要负责人名单）

后　记

我作为中国核武器研制基地的最后一任厂长，亲身经历了集结队伍，创业建厂；会战攻关，突破两弹，16次国家核试验和两次常规武器试验；“二赵”的破坏，医治创伤，批量生产；保军转民，撤点销号几个重要发展阶段。经受并战胜了苏联背信弃义毁约停援和三年严重自然灾害造成的巨大困难；经受并战胜了十年动乱期间林彪反党集团对我厂职工队伍和科研生产的严重破坏；经受并战胜了撤点销号给职工心灵带来的巨大冲击和各种考验。在厂36年的历程中，时时都闪烁着“两弹一星”精神的光辉，特别是中央决定撤点销号的决策、实施的过程里，我们是怎么做的，职工又是如何忍着心灵的阵痛，服从国家战略调整，无私奉献，完成好三大任务，应对历史有个交代，这也是我的历史责任。

但对这样一个为我国核武器发展作过重要历史贡献的基地，我国核武器发展的摇篮，当时我只是一个普通技术人员，所接触的面实在有限，写好这段历史确实太困难了，更何况有关我国原子弹、氢弹突破的文章和影像资料太多了。我只能以基地发展大事为主线把自己所经历的事件、事情，从我的记忆里记录下来。

本书的叙述第一力求在保密容许的条件下，比较准确、真实地勾画出这段历史。第二力求把基地的建设、会战、国家核试验成功……放到核工业内与核工业的发展一同来写。实际的情况也是221基地的每项试验成功都与核工业的发展和成就紧密联系在一起。在1964年2月前，221基地是九局下属的青海机械厂筹备处，筹备处第一任临时党委书记是李觉。1964 年 2 月，局、所、厂合并为第九研究设计院，第一任院长李觉。下设 221 研究设计分院，分院党委书记由九院第二书记刁筠寿兼任，分院院长李信。在 221 分院内设：设计部、实验部、第一、二、三生产部等。直到 1965 年 7 月院的组织机构才明确。理论部、设计部、实验部、第一、二、三生产部又直属九院。1965 年 9 月九院 221 研究设计分院改为二二一厂，九院副书记、第一副院长吴际霖兼二二一厂书记。但院、厂的办事机构是一套机构两块牌子。九院、二二一厂同是一家人。正如李觉所说，我到哪里，九局（院）就在哪里。1974 年 1 月 1 日，院、厂分家，九院迁往四川，成为核工业部军工局下属两个单位——第九研究设计院和二二一厂。20 世纪 90 年代，第九研究院离开了核工业系统。所以在 1964 年 2 月前，我使用 221 基地和青海省综合机械厂，不同历史时段分别使用了 221 研究设计分院、九院二二一厂、二二一厂来叙述这段历史。二二一厂撤点销号后，原二二一厂命名为国家级文物保护单位、国家爱国主义教育示范基地。新闻报道多以我国第一个核武器研制基地在宣传。第三力求全景式的来写 221 人。从领导到科学家、科技人员、干部、工人等；从科研攻关、试验、生产到思想政治工作、后勤生活保证各方面，以及 221 人感情生活等方面。不仅展现“两弹一星”的光辉精神，还有 221 人敦厚、淳朴、善良、诚信的情感。第四力求表现三个重要历史时期九局、院、厂领导班子在基地创建、原子弹、氢弹突破、16 次国家核试验中艰苦奋斗、团结、拼搏、开拓、创新的团队精神。中央联络组，贯彻“北京会议”，消除派性，增强团结，落实政策，恢复科研生产，核武器的批量生产，务实、果断，卓有成效的工作。以及撤点销号时期，党、政、工、团，精诚团结、通力合作，实现撤点销号的软着陆。

由于经历、水平有限，有许多事情未能一一详述，难免有不足之处，衷心希望同志和读者批评指正。

感谢刘书林、李鹰翔、尤德良、杨中英、杨志平、隋勇、高同槐、黄克骥等同志的热情支持，对书稿提出宝贵意见。感谢陈卫平、张德祥对文字修改付出的辛勤劳动。感谢二二一离退休人员管理局、6916 厂以及家人给予的支持和帮助。

本书是在《金银滩往事——在我国第一个核武器研制基地的日子》一书的基础上补充修订的。除对原书进行勘误外，又增加了一些内容，特别是补充了 221 基地历届主要负责人名单。

参考文献

1　梁东元 . 596 秘史 . 武汉：湖北长江出版集团湖北人民出版社，2007

2　梁东元 . 原子弹调查 . 北京：解放军出版社，2004

3《朱光亚院士八十华诞 · 文集》编辑委员会 . 朱光亚院士八十华诞文集 . 北京：原子能出版社，2004

4《当代中国》丛书编辑委员会 . 当代中国核工业 . 北京：中国社会科学出版社，1987

5　国防科学技术工业委员会科学技术部 . 中国军事百科全书核武器分册 . 北京：军事科学出版社，1990

6　降边嘉措 . 李觉传 . 北京：中国藏学出版社，2004

7　聂力 . 山高水长回忆父亲聂荣臻 . 上海：上海文艺出版社，2006

8　解放军总装备部政治部 . 两弹一星——共和国丰碑 . 北京：九州出版社，2001

9　宋任穷 . 宋任穷回忆录 . 北京：解放军出版社，1994

10 核工业神剑文学艺术学会 . 秘密历程 . 北京：原子能出版社，1993

11 中国核工业总公司 . 中国核工业四十年 . 北京：原子能出版社，1995

12 中国核工业总公司 . 毛泽东与中国原子能事业 . 北京：原子能出版社，1993

13［美］理查德·罗兹．原子弹出世记．北京：世界知识出版社，1990

14［美］约翰．W．刘易斯　薛理泰．中国原子弹制造．北京：原子能出版社，1990

15“二弹一星”历史研究分会．两弹一星历史研究创刊号．北京：2008

16“二弹一星”历史研究分会．两弹一星历史研究第二期．北京：2008

17 政协青海省海北藏族自治州委员会文史资料委员会．海北文史资料选辑第三辑．西宁：1997

18 王忠海．原子城揭秘．西宁：2002

19 国营二二一厂厂志编辑委员会．国营二二一厂厂志